완전 개정판

Korean Writing
for International
Students
- from ideation to writing -

유학생을 위한 한국어 글쓰기

이미향·박진욱·정성헌·이갑진·김도연

생각에서 글까지

저자 약력

이미향
영남대학교 글로벌교육학부 교수.
한국어 교육을 전공하고, 한국어 교재와 한국어 표현 교육에 주력하여 연구하고 있다.
특히 교수·학습 과정의 상호작용에 관심이 크다.

박진욱
대구가톨릭대학교 유스티노자유대학원 한국어교육학과 교수.
한국어문화교육학 박사이며, 한국어 교육과정과 평가에 관심을 가지고 연구하고 있다.

정성헌
호서대학교 한국언어문화학과 교수.
한국어 교사 교육 및 한국어 교수법, 한국어 기능 교육을 연구하고 있다.

이갑진
경북대학교, 금오공과대학교 한국어 강사.
한국어 쓰기 교육과 말하기 교육 방법을 주로 연구하고 있다.

김도연
경북대학교 국제처, 영남대학교 글로벌교양학부 강사.
한국어 교육을 전공하고, 한국어 교재 및 문식성 관련 연구에 주력하고 있다.

유학생을 위한 한국어 글쓰기
- 생각에서 글까지 -

Korean Writing for International Students
-from ideation to writing-

발 행 일	2025년 3월 7일 완전개정판
	2017년 5월 20일 개정판
	2016년 3월 1일 초판
저 자	이미향, 박진욱, 정성헌, 이갑진, 김도연
펴 낸 곳	소통
펴 낸 이	최도욱
편 집	곽승훈
주 소	서울시 금천구 시흥대로 193 아람아이씨티타워 1110호
전 화	070-8843-1172
팩 스	0505-828-1177
이 메 일	sotongpub@gmail.com
홈페이지	http://www.sotongpub.com
가 격	17,000원
ISBN	979-11-91957-44-0 93700

유학생을 위한 한국어 글쓰기
- 생각에서 글까지 -

책을 펼치며

　쓰기 교사는 수업 시간에 두 유형의 학습자를 만난다. 글을 잘 쓰는 사람과, 글을 잘 못 쓰는 사람이 그것이다. 글쓰기에 자신이 없는 사람은 흔히 첫 문장을 쓰지 못하거나, 썼다가 지우기를 반복하며 시간을 보내곤 한다. 이들에게 그 이유를 물으면 '쓸 게 없다'라고 한다. 혹 쓸 거리가 있더라도 문제가 바로 해결되는 것은 아니다. 머릿속 생각을 어떻게 표현하고, 어떤 구조로 글을 만들어 가야 하는지가 남아 있다.
　이처럼 글쓰기에 서툰 학습자가 넘어야 할 문턱은 여러 가지인데, 유학생에게는 극복할 과업이 더 있다. 어휘와 문법 등 한국어 자원만 부족한 것이 아니다. 한국인에게 익숙한 입말과 글말의 차이, 문화적으로 통용되는 정형화된 표현, 글의 형식별 구조 등에 대한 정보가 더 필요하다. 쓰기는 실전이다. 많이 안다고 해서 술술 써지지는 않는다. 직접 써 보면서 자신의 약점을 알고 고쳐 가는 경험이 필요하다.
　쓰기 교사의 존재 이유는 곧 글쓰기에 서툰 학습자가 점점 나아지도록 기여하는 데 있다. 『유학생을 위한 한국어 글쓰기』는 10년 전, 이런 생각을 함께 하는 한국어 현장 교사들이 모여 시작한 책이다. 저자들은 유학생에게 필요한 글쓰기 능력이 무엇인지 진지하게 고민하고, 학습자가 쓰기 과정을 경험하면서 체화하도록 책을 설계했다. 그동안 이 책으로 이룬 성과는 기대 이상이었다. 그 보람에 힘입은 바 크나, 그럼에도 10년간 쓴 책에는 수정될 부분이 많이 보였다. 우선 처음 선정되었던 텍스트의 주제를 그간 변화된 사회와 시민의식에 맞춰야 했다. 그리고 다양한 수업 진행 경험을 통해 확인된 쓰기 활동을 이 기회에 강화하려는 바람이 있었다.
　10년이면 강산도 변한다고 한다. 그럼에도 불구하고 첫 마음을 잊지 않은 공저자들은 여전히 열정적이었다. 개정판을 내며, 꾸준히 이 책을 지지해 주시는 소통출판사의 최도욱 사장님과 학습자 눈높이에서 책을 만들어 주신 편집팀에 감사를 드린다. 이제 곧 우리는 한국어 쓰기 교육에 진심인 교사들과, 능숙한 필자가 되고자 마음먹은 한국어 학습자들을 이 책을 통해 마주할 것이다.

2025년 개학을 앞둔 2월 어느 날,
연둣빛 새잎 같은 새 글들을 기다리며
저자 일동

일러두기

일러두기

이 교재는 대학에서 수학 중인 유학생들을 위한 한국어 쓰기 교재로 한 학기(15주) 사용에 적합하도록 개발되었습니다.

교재는 크게 두 부분으로 나누어져 있습니다. 1~7단원까지는 생각 정리하기에서부터 문장 쓰기, 다양한 문단 쓰기 등 한 편의 글을 쓰기 위해서 필요한 기초 능력을 기르는 과정에 초점을 맞추었습니다. 그리고 8~10단원까지는 대학교에서 공부하며 맞이하게 될 과제물이나 보고서 등을 작성할 수 있는 능력을 기르는 것에 초점을 맞추었습니다.

1~7단원까지는 한 단원당 약 3시간 분량의 수업에 적합하도록 구성되어 있습니다.

1~7단원은 '개념 이해하기 → 문장 연습하기 → 표현 이해하기 → 문단 완성하기 → 문단 구성하기'로 구성되어 있습니다.

단원 구성

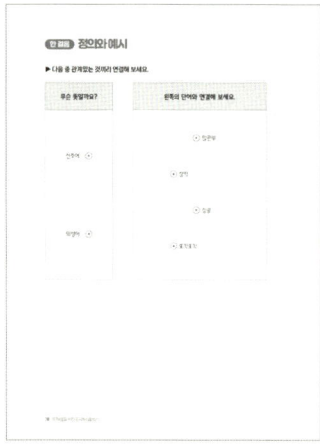

- 단원 내 소단원은 걸음으로 제시되어 있고, 소단원 첫 부분에는 해당 단원에서 배우게 될 내용을 간단히 소개하고 있습니다.
- 개념에 대한 이해를 도모할 수 있는 활동입니다.

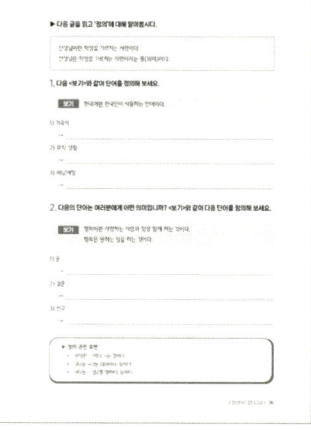

- 예시 문장을 통해 표현을 익히고 문장 단위의 활동을 실시합니다.

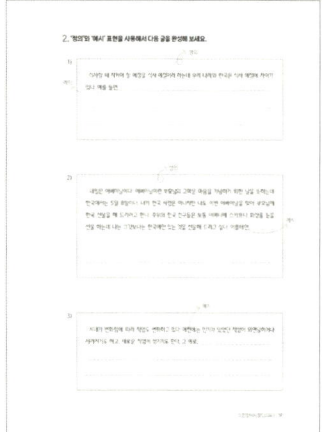

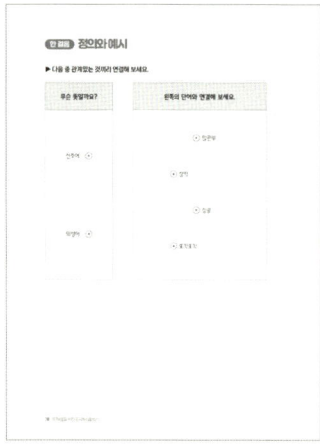

- 단원 내 소단원은 걸음으로 제시되어 있고, 소단원 첫 부분에는 해당 단원에서 배우게 될 내용을 간단히 소개하고 있습니다.
- 개념에 대한 이해를 도모할 수 있는 활동입니다.

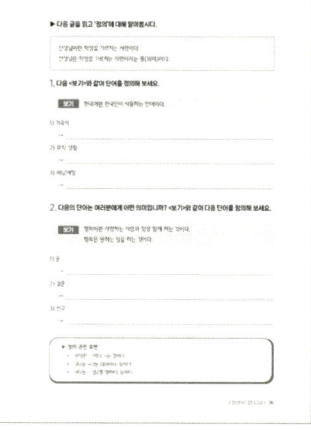

- 예시 문장을 통해 표현을 익히고 문장 단위의 활동을 실시합니다.

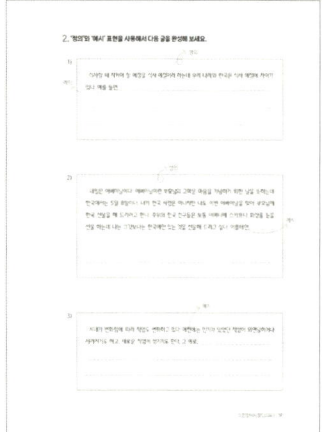

- 문단을 통해 표현이 사용되는 맥락을 이해하는 활동입니다.

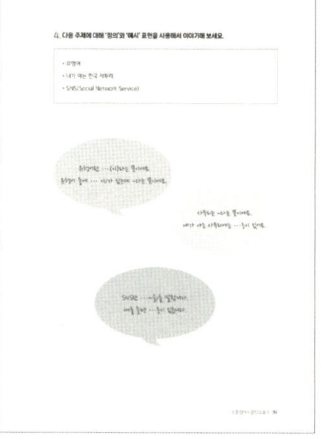

- 해당 단원에서 배운 표현을 사용하여 문단을 구성하는 활동입니다.

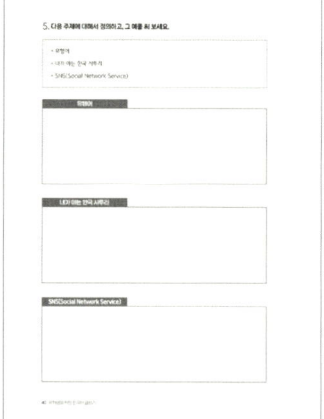

- 해당 단원에서 배운 표현을 사용하여 한 편의 글을 쓸 수 있도록 구두 작문을 하는 활동입니다.

- 구두 작문을 바탕으로 한편의 글을 쓰는 활동입니다.

8~10단원까지는 한 단원당 약 6시간 분량의 수업에 적합하도록 구성되어 있습니다.

8~10단원은 '장르 이해하기 → 장르별 글 읽고 이해하기 → 내용 마련하기 → 개요 작성하기 → 글쓰기'로 구성되어 있습니다.

단원 구성

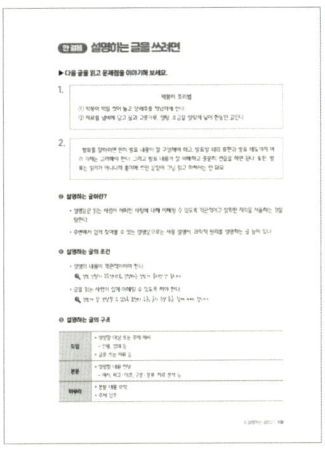

- 해당 단원에서 학습할 장르에 대한 개념과 구조 등을 알려줍니다.
- 잘 구성된 글과 잘못 구성된 글을 비교하여 장르의 특성을 이해하는 활동입니다.

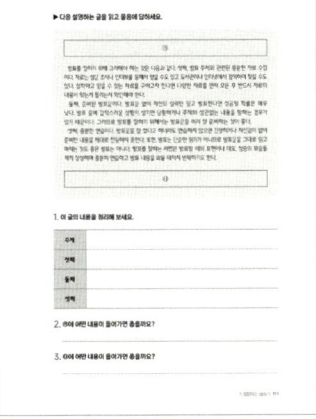

- 해당 단원과 관련된 글을 읽고 이해하는 활동으로 장르의 구조와 표현을 익히는 활동입니다.

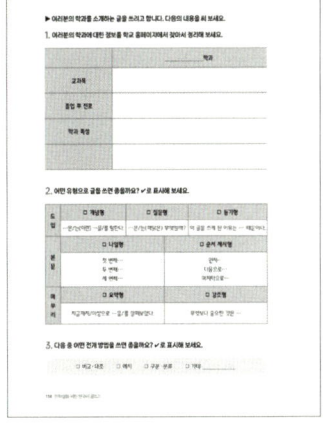

- 학생들이 자신의 글을 쓰기 위해 내용을 마련할 기회를 주는 활동입니다.

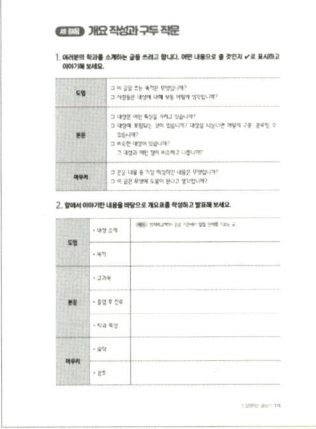

- 학생들이 마련한 내용을 바탕으로 글의 구조를 잡고 전체 흐름을 구성하는 활동입니다.

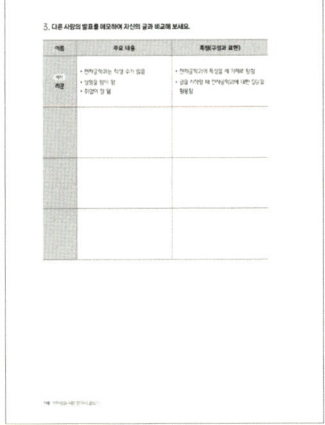

- 한 편의 글을 쓰는 활동으로, 동료들 앞에서 발표하고 토론하는 과정을 포함합니다.

- 동료 평가와 자기 평가 활동으로 글을 고쳐 보는 활동입니다.

내용 구성

단원	학습 내용			
1. 글쓰기를 생각하기	쓰기란 무엇인가?	글쓰기의 어려움	단어 연상하기	단어 구체화하기
2. 생각에서 문장으로	**한 걸음** 단어로 이야기 만들기		**두 걸음** 짧은 글쓰기	
3. 문장에서 문단으로 I	**한 걸음** 정의와 예시		**두 걸음** 비교와 대조	
4. 문장에서 문단으로 II	**한 걸음** 구분과 분류		**두 걸음** 원인과 결과	
5. 문장에서 문단으로 III	**한 걸음** 자료 분석		**두 걸음** 인용과 주장	

내용 구성

단원	학습 내용			
6. 글쓰기로 들어가기 I	**한 걸음** 요약하기	**두 걸음** 이어 쓰기		
7. 글쓰기로 들어가기 II	**한 걸음** 입말을 글말로 쓰기	**두 걸음** 두 문단 쓰기		
8. 설명하는 글쓰기	**한 걸음** 설명하는 글을 쓰려면	**두 걸음** 내용 마련과 틀 짜기	**세 걸음** 개요 작성과 구두 작문	**네 걸음** 글 완성하기
9. 주장하는 글쓰기	**한 걸음** 주장하는 글을 쓰려면	**두 걸음** 내용 마련과 틀 짜기	**세 걸음** 개요 작성과 구두 작문	**네 걸음** 글 완성하기
10. 감상문 쓰기	**한 걸음** 감상문을 쓰려면	**두 걸음** 내용 마련과 틀 짜기	**세 걸음** 개요 작성과 구두 작문	**네 걸음** 글 완성하기

1. 글쓰기를 생각하기   **15**

2. 생각에서 문장으로   **27**

3. 문장에서 문단으로 I   **33**

4. 문장에서 문단으로 II   **49**

5. 문장에서 문단으로 III   **63**

6. 글쓰기로 들어가기 I   **77**

7. 글쓰기로 들어가기 II   **91**

8. 설명하는 글쓰기   **107**

9. 주장하는 글쓰기   **121**

10. 감상문 쓰기   **137**

1 글쓰기를 생각하기

한걸음. 쓰기란 무엇인가?

두걸음. 글쓰기의 어려움

세걸음. 단어 연상하기

네걸음. 단어 구체화하기

 **쓰기란 무엇인가?**

 다음 글을 읽고, 여러분이라면 자신의 마음을 어떤 방법으로 표현할지 이야기해 보세요.

> 오늘 아침, 우리 집 앞에서 정말 멋있는 사람을 보았다. 바로 내 옆집에 그런 사람이 살고 있었다니…. 그동안 난 나의 이상형을 멀리서 찾고 있었구나! 하늘이 준 이 기회에 내 마음을 그 사람에게 표현해야겠다. 좋아한다고 말할까? 편지를 쓸까? 아니면 다른 방법이 있을까?

▶ '말'과 '글'은 사람의 생각과 마음을 주고받는 도구입니다. 다음 ㉮~㉰에 맞는 언어 사용을 <보기> 중에서 골라 넣어 보세요.

| 보기 | 듣기 | 말하기 | 읽기 | 쓰기 |

영역 \ 도구	말	글
이해	㉮	㉯
표현	㉰	㉱

말하기, 쓰기, 읽기, 듣기 중에서 일상생활에서 가장 많이 사용하는 것은 무엇일까요? 또 가장 적게 사용되는 것은 무엇일까요? 사용 목적에 따라 다르겠지만 일상생활에서 사람들은 보통 듣기를 가장 많이 하고, 쓰기를 가장 적게 한다고 합니다.
그럼 쓰기를 듣기처럼 편하게 하려면 어떻게 해야 할까요? 듣기만큼 쓰기를 더 많이 해 봐야 합니다. 우리에게는 쓰기를 직접 연습하는 시간이 필요합니다.

모든 사람은 자기 생각을 다른 사람에게 전하고, 다른 사람의 생각을 이해하면서 삽니다. 그런데 생각한 것을 다른 사람에게 잘 전달하기는 쉬운 일이 아닙니다. 말하기와 쓰기란 처음부터 잘할 수 있는 것이 아니기 때문입니다.
삶에서 '표현의 기술'은 먹고 자고 입는 문제를 해결하는 것만큼 중요합니다. 모든 기술이 그러하듯, 표현의 기술은 꾸준한 연습으로 얻을 수 있습니다.

더 해 보기

 다음은 '글자가 없는 세상'에서 생길 수 있는 어느 하루의 일을 상상해 본 것입니다.

> 눈을 뜨니 시계 바늘이 卌//에 가 있다. 아, 오늘 시험이 있지! 서둘러 학교에 가야겠다. 공부하는 것은 정말 어렵다. 그 많은 것을 듣자마자 기억해야 하고, 시험에서는 말로 보여줄 수밖에 없다. 오늘도 떨려서 시험 중에 잊어버리지는 않을지….
>
> 오늘 날씨라도 덜 추웠으면 좋겠다. 아침을 먹을 때 TV에서 날씨 이야기를 하는데 못 듣고 말았다. 뉴스에서 한 번 나온 말은 놓치면 다시 들을 방법이 없다.
>
> 아버지께 인사하고 밖으로 나오니 저 멀리서 버스가 온다. 나는 버스 앞 유리에 〈파랑-빨강-노랑-노랑-파랑〉의 순서로 적힌 버스를 타야 한다. 시험을 보러 교실 앞에 가니…

1) 글자가 없다면 어떤 문제가 생길까요? 친구들과 함께 이야기해 보세요.

2) 우리는 언제 글을 씁니까? 일상생활에서 글을 쓰는 상황을 찾아 이야기해 보세요.

두 걸음  글쓰기의 어려움

1. 자기가 생각하는 것을 한국말로 표현하기 어려웠던 경험이 있습니까? 그때 왜 그랬을까요?

글쓰기는 알고 있는 것을 단순히 글자로 쓰는 일이 아닙니다. 쓰기란 '생각을 쓰는 과정'입니다. 글은 전달하고 싶은 '무엇'을 '얼마나', '어떻게' 쓸지 생각하는 과정에서 만들어집니다. 글은 '글자'가 아니라, 쓰는 사람의 '생각'으로 이루어지는 것을 기억하세요.

2. 글을 잘 못 쓰는 사람에게는 다음과 같은 특징이 있다고 합니다. 자신에게 해당하는 것을 ✔로 표시해 보세요.

	내용	확인
1	나는 글쓰기를 싫어한다.	
2	나는 글을 쓰는 목적을 생각하지 않는다.	
3	나는 자료 수집을 열심히 하지 않는다.	
4	나는 좋은 생각이 떠오르기를 그냥 기다린다.	
5	나는 이 글을 읽을 사람이 누구인지 안 궁금하다.	
6	나는 계획하기 단계를 종종 생략한다.	
7	나는 첫 문장 쓰기를 힘들어한다.	
8	내 글에는 경험, 예시 등 구체적 내용이 없다.	
9	나는 처음 쓸 때 완전한 글로 만들려고 한다.	
10	나는 다 쓴 글을 고치는 경우가 거의 없다.	

3. 글을 잘 쓰는 사람과 잘 못 쓰는 사람의 차이는 어디에 있을까요? 다음 표를 보면서 생각해 보세요.

	글을 잘 쓰는 사람	글을 잘 못 쓰는 사람
인식	글쓰기 = '문제 해결 과정'	글쓰기 = '일회적 행위'
글 쓰는 행위	계획하기를 열심히 함 고쳐쓰기에 시간을 많이 씀	계획하기와 고쳐쓰기 없음
초점	읽는 사람 중심	자기중심

글을 잘 쓰는 사람에게는 다음과 같은 특징이 있습니다. 첫째, 글쓰기를 즐겨 합니다. 평소에도 메모하고 일기를 쓰거나 편지를 쓰는 것과 같이 일상생활에서 쓰기를 손에서 놓지 않습니다. 둘째, 글쓰기 과정을 목표를 달성하는 활동으로 생각합니다. 글을 쓰는 이유를 생각하며, 주제와 방향을 결정합니다. 또한, 자료를 찾으며 주제를 구체화합니다. 그리고 생각나는 것이 있을 때마다 틈틈이 메모하고 개요를 작성합니다. 셋째, 글을 읽는 사람의 기대를 고려합니다. 읽는 사람이 무엇을 원하는지 관심을 두고, 읽을 사람이 이해할 수 있게 표현합니다. 넷째, 글을 계획하는 단계에 시간을 많이 씁니다. 다섯째, 일단 초고로 시작한 후, 고쳐쓰기에 시간을 많이 들입니다.

4. 다음을 보고 글을 쓰는 과정을 생각해 보세요.

1) 요리를 하려고 해요. 어떤 순서로 음식을 만들까요?

　　만들 음식 정하기 ➡　　　장보기　　➡　　　　　　　➡

2) 집을 지으려고 해요. 어떤 순서로 집을 지을까요?

　　　　　　➡　　　　　　➡　　　　　　➡

3) 글을 쓰려고 해요. 어떤 순서로 글을 쓸까요?

　　　　　　➡　　　　　　➡　　　　　　➡

글쓰기는 집을 짓는 것과 비슷합니다. 집을 짓기 전에 먼저 짓고 싶은 집이 무엇인지 정해야 합니다. 그리고 그 건축물에 맞는 재료를 구해야 합니다. 그런데 재료를 쌓아 둔다고 집이 그냥 만들어지지 않습니다. 순서대로 집을 지어 가야 합니다. 집도 요리도 어떤 과정을 거쳐서 완성됩니다. 글을 쓸 때에도 거쳐야 할 과정이 있습니다.

세 걸음 단어 연상하기

1-1. '겨울'이라는 단어를 보면 어떤 말이 더 생각납니까?

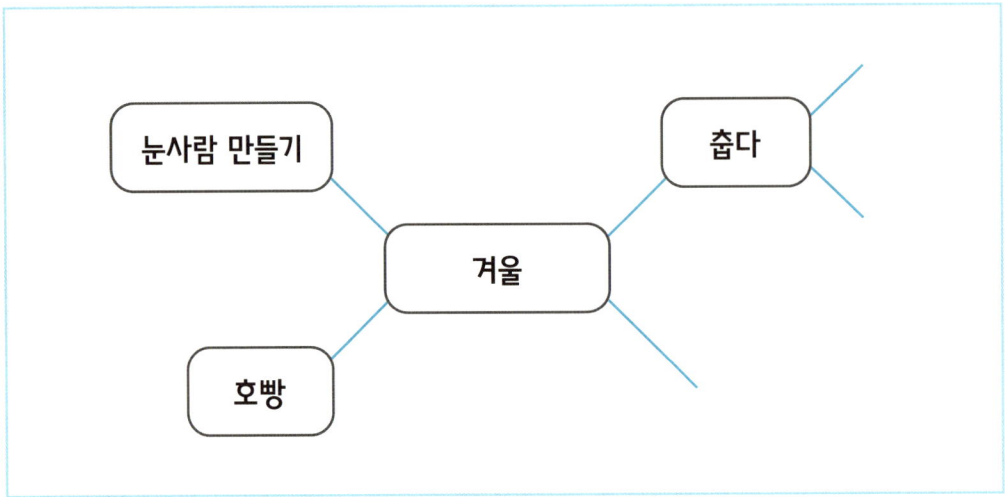

1-2. 위와 같이 '여행'이라는 단어를 보고 떠오르는 단어를 더 써 보세요.

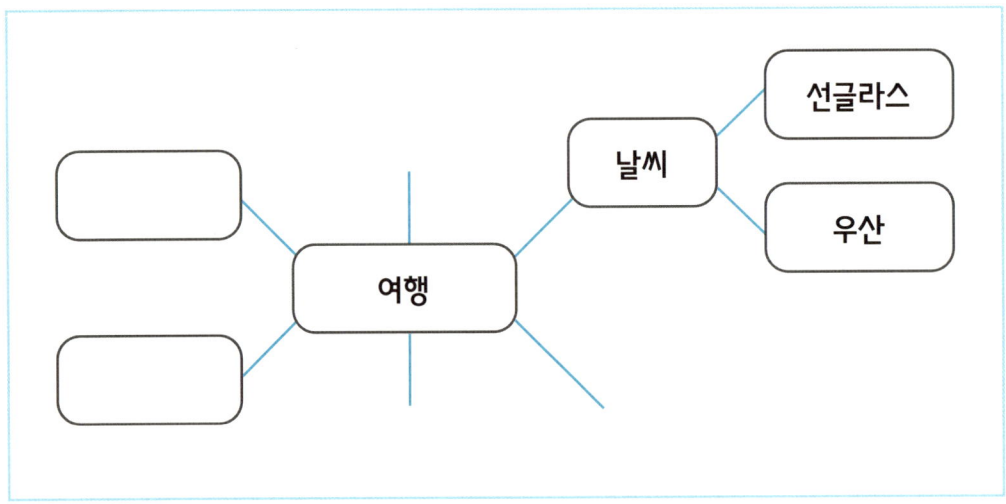

1-3. 친구가 쓴 단어와 비교해 보세요.

2-1. '겨울'에 대해서 쓴 단어를 종류별로 모아 보세요.

음식	호빵,
활동	눈사람 만들기,
느낌	춥다,
기분	

2-2. '여행'에 대해서 쓴 단어를 종류별로 모아 보세요.

【예】 여행지, 숙박, 교통편, 준비물, 동행자 등

3-1. '유학'이라는 단어를 보면 어떤 말이 생각납니까? 연상되는 단어를 써 보세요.

① 유학 준비
비행기표, 서류, …

② 도와준 사람들
부모님, …

③ 생각 및 느낌
기대, …

유학

④ 동기
문화 체험, …

⑤

유학 준비	비행기표, 서류,
도와준 사람들	부모님,
생각 및 느낌	기대,
동기	문화 체험,

3-2. '글쓰기'라는 단어를 보면 어떤 말이 생각납니까? 연상되는 단어를 써 보세요.

① 도구
  연필, …

② 대상
  친구, …

③ 생각 및 느낌
  부담감, …

④ 글을 쓰는 이유
  과제, …

⑤

글쓰기

도구	연필,
대상	친구,
생각 및 느낌	부담감,
글을 쓰는 이유	과제,

1. 글쓰기를 생각하기

네 걸음 생각 구체화하기

1-1. 다음 단어를 보고 연상되는 단어를 이어서 쓰세요.

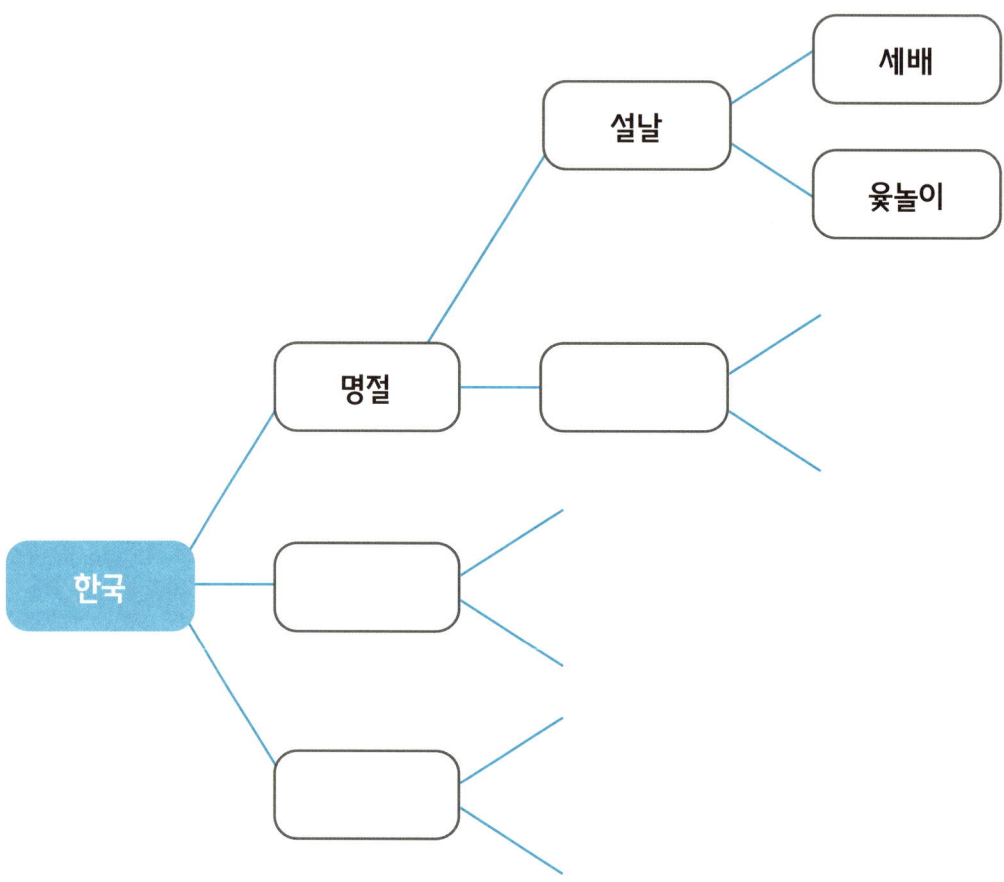

1-2. 위에서 연상된 단어들을 묶어서 문장을 만들어 보세요.

① 한국의 명절에는 설날이 있는데 설날에는 세배와 윷놀이를 한다.

② _____.

③ _____.

2-1. 다음 그림을 보고 글을 쓰려고 합니다. 그림을 보고 연상되는 단어를 써 보세요.

1) 그림을 보면서 어떤 말이 생각납니까? 연상되는 단어를 써 보세요.

버스, 자리,

2) 위 1)의 단어로 어떤 말을 할 수 있을까요? 중심 생각(주제)을 써 보세요.

2-2. **다음 그림을 보고 글을 쓰려고 합니다. 그림을 보고 연상되는 단어를 써 보세요.**

1) 그림을 보면서 어떤 말이 생각납니까? 연상되는 단어를 써 보세요.

　　겨울, 연탄,

2) 위 1)의 단어로 어떤 말을 할 수 있을까요? 중심 생각(주제)을 써 보세요.

2

생각에서 문장으로

한걸음. 단어로 이야기 만들기

두걸음. 짧은 글쓰기

한 걸음 단어로 이야기 만들기

1. 자기를 소개하려고 합니다. 어떤 단어가 필요할까요? 그 단어들로 자기를 간단히 소개해 보세요.

취미 또는 특기	성격	장래 희망
요리하기 영화 감상 ✓ 외국어 배우기 _____ _____	✓ 사교적이다 외향적이다 차분하다 꼼꼼하다 _____	사업가 ✓ 외교관 교수 영화 감독 _____

보기

안나	【외교관】 　　나는 외국어를 다른 사람보다 쉽게 배우는 편이다. 그리고 나는 사교적이라, 처음 만나는 사람과 자연스럽게 이야기할 수 있다. 나는 나중에 외교관이 되고 싶다. 이런 나의 특기와 성격은 내 장래 희망과 잘 맞는다고 생각한다.

* 한 문단(문장 3~5개 정도)을 완성해 보세요.

〈이름〉	

2. '요즘 나의 생활'에 대해 글을 쓰려고 합니다. 아래에 필요한 단어를 쓰고, 그 단어를 사용해서 글을 써 보세요.

요즘 하는 일	기분	고민하는 것
한국어 공부 ✓ 아르바이트 대학원 공부 _____ _____	✓ 답답하다 설레다 만족하다 _____ _____	취직 남자(여자) 친구 ✓ 부족한 한국어 실력 _____ _____

보기

최근에 나는 아르바이트를 시작했다. 돈도 벌 겸 한국어도 공부할 겸 아르바이트를 하고 있는데, 가끔 사람들 앞에서 한국말이 잘 안 나올 때가 있다. 그럴 때 나는 정말 답답하다.

요즘 나는

두 걸음 짧은 글쓰기

1. '고향'에 대해 글을 쓰려고 합니다. 다음과 같이 글을 써 보세요.

> **1단계** '고향'에 대해 짧은 문장으로 써 보세요.
> ① 내 고향은 핀란드에 있다.
> ② 내 고향은 경치가 아름답다.
> ③ 내 고향에는 유명한 호수가 있다.
> ④ 고향에서 즐겁게 보냈다.
> ⑤ 나는 고향의 음식이 그립다.
> ⑥ 나는 고향에 가고 싶다.
>
> **2단계** '1단계'의 문장을 좀 더 자세하게 써 보세요.
> ① 내 고향은 핀란드 북동쪽 지방의 추운 곳에 있다.
> ② 내 고향은 작은 도시지만 경치가 아름다워서 사진 찍을 곳이 많다.
> ③ 내 고향에는 전 세계에서 많은 사람들이 찾아오는 유명한 호수가 있다.
> ④ 내 인생의 대부분을 고향에서 사랑하는 가족, 친구와 함께 즐겁게 보냈다.
> ⑤ 나는 우리 고향의 대표 음식, 블루베리 파이(mustikkapiirakka)가 그립다.
> ⑥ 유학 생활이 힘들 때나 아플 때는 정말 고향에 가고 싶다.
>
> **3단계** '2단계'의 문장 중에서 관계있는 것끼리 묶어서 글을 써 보세요.
>
> > ① + ② + ③
> >   내 고향은 핀란드 북동쪽 지방의 추운 곳에 있다. 비록 내 고향은 작은 도시지만 경치가 아름다워서 사진 찍을 곳이 많다. 특히 우리 고향에는 전 세계에서 많은 사람들이 찾아오는 유명한 호수가 있다.
> >
> > ④ + ⑥ + ⑤
> >   나는 내 인생의 대부분을 고향에서 사랑하는 가족, 친구와 함께 즐겁게 보냈다. 가끔 나는 우리 고향의 대표 음식인 블루베리 파이가 그립다. 무엇보다도 유학 생활이 힘들 때나 몸이 아플 때는 정말 고향에 가고 싶다.

> 1 단계: 먼저, 자기 생각을 간단한 문장으로 씁니다. 이때 주어와 서술어를 문법에 맞게 쓰도록 하세요.
> 2 단계: 그다음에 자세하고 구체적인 내용을 넣어 씁니다.
> 3 단계: 마지막으로 비슷한 문장을 묶어 문단을 만듭니다. 문단을 시작할 때는 꼭 '들여쓰기'를 합니다.

2-1. '고향'에 대해 짧은 문장으로 써 보세요.

1단계

① 내 고향은 _____ 이다.
②
③
④
⑤
⑥

2-2. '1단계'의 문장을 좀 더 자세하게 써 보세요.

2단계

①
②
③
④
⑤
⑥

2-3. '2단계'의 문장 중에서 관계있는 것끼리 묶어서 글을 써 보세요.

3단계

주어와 서술어를 맞추기

주술 호응	• …은/는 …(이)다 / -다는 것이다 　예 이 영화의 주제는 사람과 동물 사이의 우정이다. 　예 이 영화에서 느낀 점은 동물도 사람 못지않게 의리가 있다는 것이다.
	• 내 생각에 … -다 　내가 생각하기에(는) … -다 　나는 – 다고 생각하다 　예 내가 생각하기에 한국 음식의 특징은 반찬이 많다는 것이다.
	• 주어와 서술어에 들어가는 말이 중복되지 않아야 한다. 　예 내가 생각하기에 한국 음식의 특징은 반찬이 많다고 생각한다. (X)

3 문장에서 문단으로 I

한 걸음. **정의와 예시**

두 걸음. **비교와 대조**

한 걸음 정의와 예시

▶ 다음 중 관계있는 것끼리 연결해 보세요.

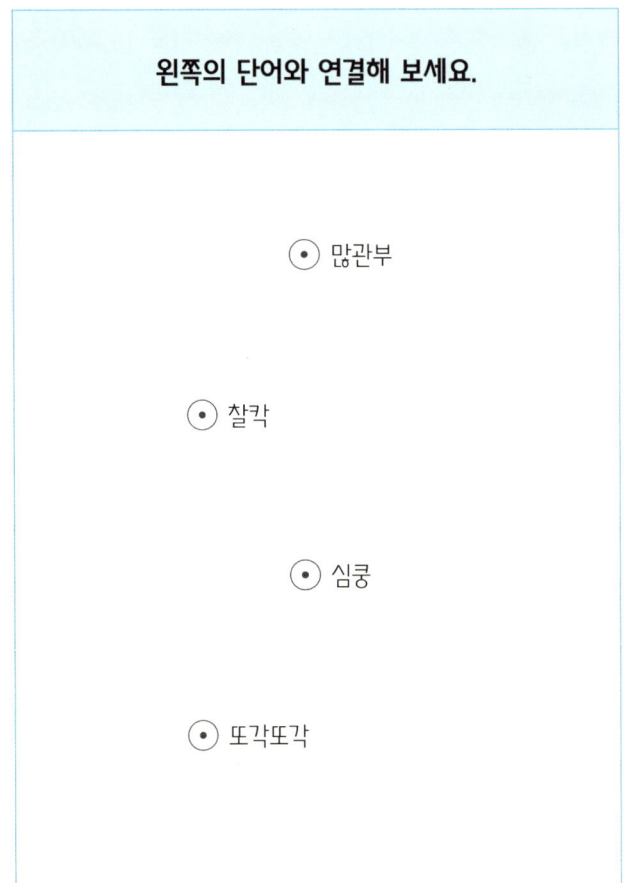

▶ 다음 글을 읽고 '정의'에 대해 알아봅시다.

> 선생님**이란** 학생을 가르치는 사람**이다**.
> 선생님**은** 학생을 가르치는 사람**이라는 뜻(의미)이다**.

1. 다음 <보기>와 같이 단어를 정의해 보세요.

보기   한국어**란** 한국인이 사용하는 언어**이다**.

1) 기숙사
   → _____

2) 유학 생활
   → _____

3) 배낭여행
   → _____

2. 다음의 단어는 여러분에게 어떤 의미입니까? <보기>와 같이 다음 단어를 정의해 보세요.

보기   행복**이란** 사랑하는 사람과 항상 함께 하는 것**이다**.
           행복**은** 원하는 일을 하는 것**이다**.

1) 돈
   → _____

2) 결혼
   → _____

3) 친구
   → _____

> ▶ 정의 관련 표현
> - …(이)란 …이다, -는 것이다
> - …은/는 -다는 의미이다, 뜻이다
> - …은/는 …을/를 말하다, 뜻하다

▶ 다음 글을 읽고 '예시'에 대해 알아봅시다.

> 한국에는 다양하고 맛있는 길거리 음식이 있다. **예를 들면** 떡볶이, 순대, 어묵 **등이 있**는데 이것들은 대학가 주변이나 시내 곳곳에서 흔히 볼 수 있는 음식이다.

1. <보기>와 같이 다음 주제에 대해 예를 들어 보세요.

> **보기**
> 기념일: 어버이날, 스승의 날, 한글날 등
> → 우리 나라에는 다양한 기념일이 있다. **예를 들면** 어버이날, 스승의 날, 한글날 등이 있다.

1) 친구가 필요한 순간

   → 살다 보면 친구가 필요한 순간이 있다. 예를 들면 _____

2) 건강을 지키는 습관

   → _____

3) 나라별로 좋아하는 스포츠

   → _____

▶ **예시 관련 표현**
- 예를 들어, 예를 들면, 이를테면, 예컨대, 가령
- 그 예로 …을/를 들 수 있다
- …에는 …등이 있다
- …이/가 그 예이다
- 그 예를 살펴보면 다음과 같다
- 이에 대한 예는 다음과 같다

2. '정의'와 '예시' 표현을 사용해서 다음 글을 완성해 보세요.

1) 〔정의〕

식사할 때 지켜야 할 예절을 식사 예절이라 하는데 우리 나라와 한국은 식사 예절에 차이가 있다. 예를 들면, _____ 〔예시〕

2) 〔정의〕

내일은 어버이날이다. 어버이날이란 부모님의 고마운 마음을 기념하기 위한 날을 뜻하는데 한국에서는 5월 8일이다. 내가 한국 사람은 아니지만 나도 이번 어버이날을 맞아 부모님께 한국 선물을 해 드리려고 한다. 주위의 한국 친구들은 보통 어머니께 스카프나 화장품 등을 선물 하는데 나는 그것보다는 한국에만 있는 것을 선물해 드리고 싶다. 이를테면, _____ 〔예시〕

3) 〔예시〕

시대가 변화함에 따라 직업도 변화하고 있다. 예전에는 인기가 있었던 직업이 외면당하거나 사라지기도 하고, 새로운 직업이 생기기도 한다. 그 예로, _____

3. 다음 중에서 '정의'나 '예시'가 나타난 부분에 밑줄을 그어 보세요.

1)
　　외국인 유학생들에게 한국어를 배우는 동기에 대해서 물어봤는데 '학업 목적' 외에도 아주 다양하고 흥미로운 응답이 나왔다. <u>이를테면, '한국어의 억양과 발음이 부드럽고 예뻐서', '한국 친구를 사귀고 싶어서', '한국 드라마나 K-POP을 즐기기 위해서' 등이었다.</u> <u>K-POP은 한국 대중가요를 이르는 말인데</u>, 많은 젊은이들이 요즘 K-POP의 매력에 빠져 한국어에 관심을 가지고 있다고 한다.

2)
　　<u>열대야란 여름의 더위가 밤에도 계속되어 더운 밤을 말한다.</u> 열대야가 계속되면 잠을 깊게 잘 수 없어서 건강을 해치게 된다. 따라서 이러한 열대야를 이기기 위한 방법들이 필요하다. <u>예를 들어 잠들기 전에 미지근한 물로 샤워를 하거나 따뜻한 우유를 한 잔 마시는 것도 좋다. 산책이나 스트레칭 등의 가벼운 운동도 도움이 된다.</u>

3)
　　<u>교육에 대한 뜨거운 관심을 교육열이라 하는데</u> <u>'합격 기원', '합격엿', '고3병' 등은 한국의 교육열이 얼마나 뜨거운지를 보여 주는 대표적인 예이다.</u> 한국의 교육열을 보여 주는 또 다른 예로 <u>'조기 교육'을 들 수 있는데, 이는 학교에 입학하기 전부터 어린 아이에게 시키는 교육을 말한다.</u>

4. 다음 주제에 대해 '정의'와 '예시' 표현을 사용해서 이야기해 보세요.

- 유행어
- 내가 아는 한국 사투리
- SNS(Social Network Service)

> 유행어란 …(이)라는 뜻이에요.
> 유행어 중에 … 이/가 있는데 -다는 뜻이에요.

> 사투리는 -다는 뜻이에요.
> 내가 아는 사투리에는 …등이 있어요.

> SNS란 …~을/를 말합니다.
> 예를 들면 …등이 있습니다.

5. 다음 주제에 대해서 정의하고, 그 예를 써 보세요.

- 유행어
- 내가 아는 한국 사투리
- SNS(Social Network Service)

유행어

내가 아는 한국 사투리

SNS(Social Network Service)

두 걸음 비교와 대조

▶ 공통점과 차이점을 찾아보세요.

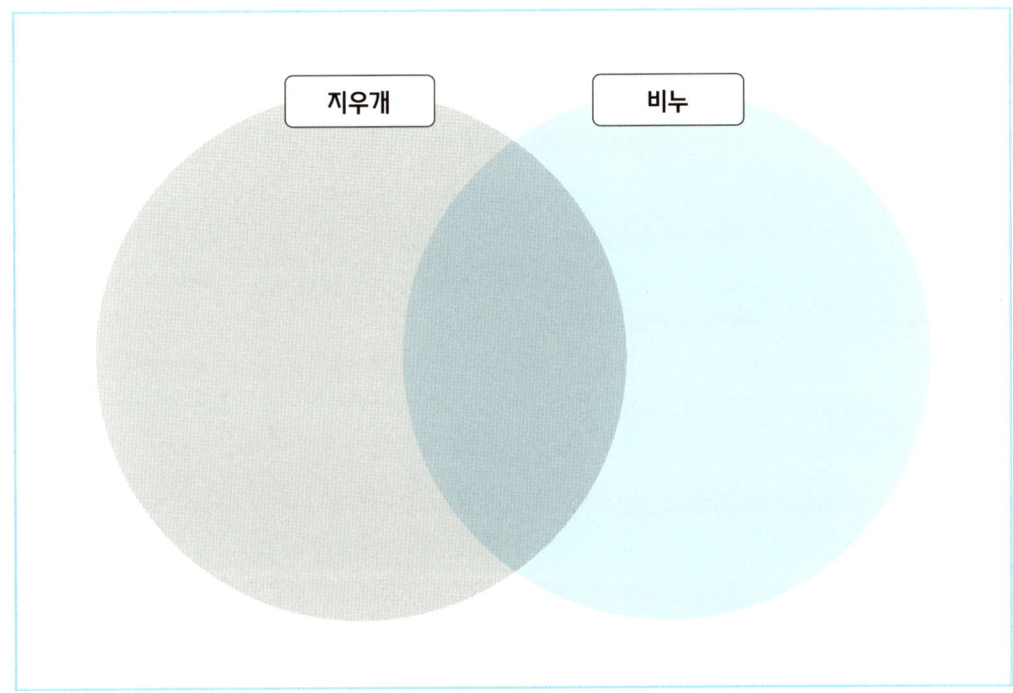

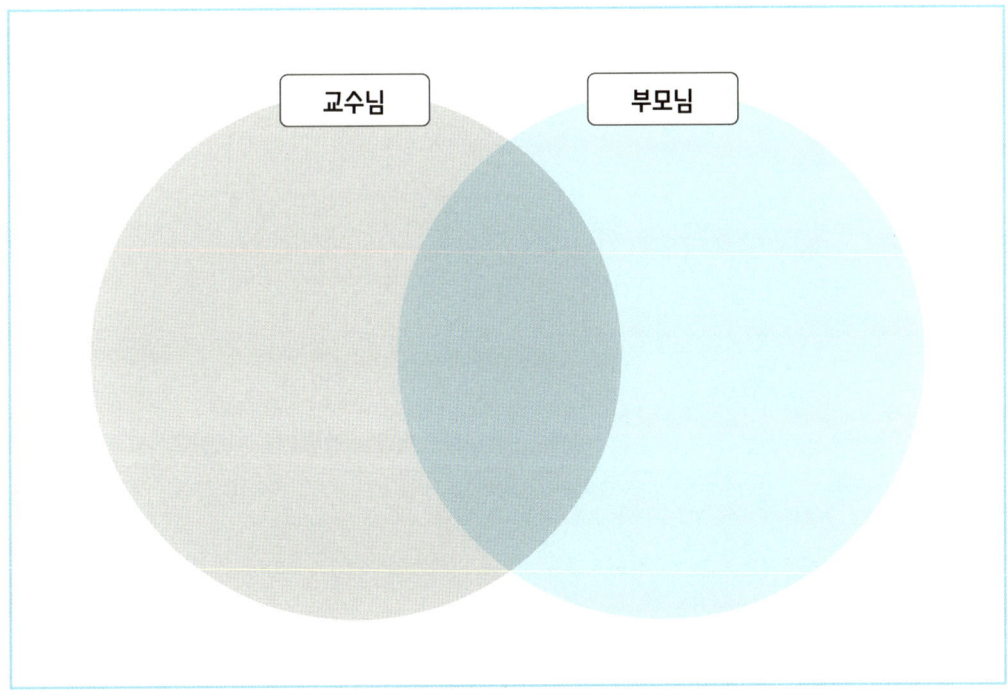

▶ **다음의 글을 읽고 '비교·대조'에 대해 알아봅시다.**

도시는 교통이 편하고 병원, 극장, 약국 등 생활에 필요한 편의 시설이 가까이 있어 편리한 생활을 할 수 있다. <u>반면에</u> 시골은 <u>도시와 달리</u> 대중교통이 적고, 편의 시설이 <u>도시에 비해</u> 부족하다.

보기

	말하기	쓰기
차이점	• 입으로 표현한다. • 기록이 남지 않는다.	• 손으로 표현한다. • 기록이 남는다.
공통점	• 의사소통에 사용된다. • 사람만 할 수 있다.	

말하기와 쓰기는 공통점도 있고 차이점도 있다. 우선, 둘 다 의사소통에 사용되고 사람만 **사용한다는 점에서 공통된다. 그러나** 말하기는 입으로 표현하지만 쓰기는 손으로 **표현한다는 점에서 다르다.** 또한, 쓰기는 기록이 남지만 말하기는 **사라진다는 점에서 차이가 있다.**

▶ **비교 · 대조 관련 표현**
- 이에 비해, 이와 마찬가지로, 이와 같이, 이처럼
- …에 비해, …보다, …와/과 마찬가지로, …와/과 같이
- -다는 점에서 유사하다, 같다, 공통되다
- …을/를 …와/과 비교하면
- 그러나, 반면에, 이와 달리, 이에 반해,
- -(으)나, -(으)ㄴ/는 반면에, -(으)ㄴ/는 것과 달리, -(으)ㄴ/는 데(에) 반해
- -다는 점에서 다르다, 차이가 있다

1. <보기>와 같이 다음 주제에 대해 공통점과 차이점을 써 보세요.

1) 떡과 케이크

	떡	케이크
차이점		
공통점		

2) 백화점과 시장

	백화점	시장
차이점		
공통점		

3) 연애와 결혼

	연애	결혼
차이점		
공통점		

2. '비교·대조' 표현을 사용해서 다음 글을 완성해 보세요.

1)
자유 여행과 단체 여행은 _____
_____ 다는 점에서 공통적이다.

그러나 자유 여행은 _____ 는 반면에 단체 여행은
_____.

→ 비교
← 대조

2)
나는 '면 요리'를 좋아한다. 한국에는 많은 면 요리가 있지만 나는 그중에서 '라면'과 '냉면'을 좋아한다. 그런데 이 둘의 매력은 아주 다르다. _____
_____
_____

→ 대조

3. 다음 글에서 '비교·대조' 표현이 사용된 부분에 밑줄을 그어 보세요.

1)
　　의사와 간호사는 모두 우리에게 꼭 필요한 사람들이다. 이 둘은 사람들의 생명을 구하고 병을 고치는 일을 한다는 점에서 공통된다. 그러나 그들이 하는 일은 조금 다르다. 의사는 환자의 병을 직접 진단하고 치료한다. 반면에 간호사는 치료 과정을 돕는다는 점에서 차이가 있다.

2)
　　한국에서는 예로부터 선생님을 부모님과 같이 존중했다. 부모님이 집에서 자녀를 가르치는 것처럼 선생님도 학교에서 학생들을 가르치기에 그러하다. 부모님과 선생님은 아이가 잘 성장하도록 지도한다는 점에서 같다. 그래서 한국에서는 매년 5월 15일 스승의 날에 선생님들을 찾아가 고마운 마음을 표시한다.

3)
　　종이 편지와 이메일은 자신의 생각이나 의도를 글로 쓴다는 공통점이 있다. 그러나 종이 편지는 보낼 때 시간이 걸리는 반면에 이메일은 종이 편지에 비해 보낼 때 시간을 아낄 수 있다. 요즘은 많은 사람들이 이메일을 이용하고 있지만 손 편지의 매력을 아는 사람들은 여전히 종이 편지도 이용한다.

4. 다음 주제에 대해 '비교·대조' 표현을 사용해서 이야기해 보세요.

- 한국과 자기 나라의 결혼 문화
- 기숙사 생활과 자취 생활
- 축구와 배구

한국과 우리 나라의 결혼 문화는 차이가 있습니다. 우선, …

기숙사 생활과 자취 생활은 비슷한 부분도 있고 다른 부분도 있어요. 기숙사 생활은 자취 생활에 비해…

축구와 배구는 …다는 점에서 같아요. 하지만 축구는 …

5. 앞에서 이야기한 내용에 대해 '비교·대조' 표현을 사용해서 써 보세요.

- 한국과 자기 나라의 결혼 문화
- 기숙사 생활과 자취 생활
- 축구와 배구

한국과 자기 나라의 결혼 문화

기숙사 생활과 자취 생활

축구와 배구

memo.

문장에서 문단으로 II

한걸음. **구분과 분류**

두걸음. **원인과 결과**

한 걸음 구분과 분류

▶ 다음을 관계있는 것끼리 묶어 보세요.

비둘기   원숭이   개구리

           악어

뱀   독수리

           붕어

   고래   참치

▶ 다음 글을 읽고 '구분·분류'에 대해 알아봅시다.

> 외국인들은 '김치' 하면 흔히 배추김치를 떠올리곤 한다. 김치는 그 재료, 지역, 요리법 등**에 따라** 여러 가지**로 나눌 수 있다.** 우선, 김치의 재료**에 따라** 배추로 만든 배추김치, 백김치, 무로 만든 깍두기, 총각김치와 그 외에 가지, 오이, 깻잎 등의 재료로 만든 김치 등**으로 나뉜다**.

1. 다음 <보기>와 같이 단어를 '구분'해 보세요.

> **보기** 영화의 종류: 코미디 영화, 액션 영화, 공포 영화, 멜로 영화
>
> - 기준: 장르
> → 영화는 장르**에 따라** 코미디 영화, 액션 영화, 공포 영화, 멜로 영화**로 나눌 수 있다.**

1) 교통수단의 종류:

- 기준: _____

→ _____

2) 학교의 종류:

- 기준: _____

→ _____

▶ **구분 관련 표현**
  - …은/는 (…에 따라) …(으)로 나눌 수 있다, 나뉘다, 구분되다
  - …을/를 …(으)로 나누면 다음과 같다. 첫째 …, 둘째 …

▶ **분류 관련 표현**
  - …은/는 …(으)로 분류되다
  - …이/가 …에 속하다

2. '구분·분류' 표현을 사용해서 다음 글을 완성해 보세요.

1)
　　　　　　　　　　　　　　　　　　　　　　　　　　　　　　　　　　　　구분
　　분류
　　전자 제품은 용도에 따라 사무용 전자 제품과 가정용 전자 제품으로 나뉜다. _____은/는 가정용 전자 제품에 속한다.

2)
　구분　　　　　　　　　　　　　　　　　　　　　　　　　　　　　　　　　구분
　　생활 수준이 높아질수록 여행을 즐기는 사람이 많아지고 있다. 여행은 여러 기준에 따라 다양하게 나눌 수 있는데, 우선 목적지에 따라 국내 여행과 해외여행으로 구분된다. 또한, 교통수단에 따라 _____

3)
　　　　　구분
　　스포츠는 현대인들에게 건강과 즐거움 등 다양한 의미를 부여하여 우리의 삶을 더욱 풍요롭게 해 준다. 스포츠를 경기 장소에 따라 나누면 _____

3. 다음 글에서 '구분·분류'가 나타난 부분에 밑줄을 그어 보세요.

1)
> 쓰레기는 그것을 다시 쓸 수 있는지에 따라 재활용할 수 있는 것과 할 수 없는 것으로 나뉜다. 요즘은 거의 대부분 재활용이 가능하나 휴지 조각, 딱딱한 과일 껍질 등은 재활용이 안 되는 일반 쓰레기로 분류해야 한다. 재활용 쓰레기는 다시 종이류, 플라스틱류, 병류, 캔류 등으로 나눌 수 있다.

2)
> 악기는 연주하는 방식에 따라 크게 3가지로 나뉘는데 줄을 켜거나 뜯어서 소리를 내는 현악기, 바람을 불어 소리를 내는 관악기, 악기를 쳐서 연주하는 타악기가 있다. 현악기에는 바이올린, 기타 등이 속하고 관악기에는 트럼펫, 플루트 등이 있다. 또한, 북과 심벌즈는 타악기로 분류된다.

3)
> 직업은 사회가 발전할수록 다양해지고 있다. 직업은 분야에 따라 여러 가지로 나눌 수 있는데 교육과 관계된 직업으로는 선생님, 교수, 학생 상담가, 교육 행정 직원 등이 있다. 또한, 영화감독, 제작자, 영화 음악 작곡가, 배우, 영화 평론가 등은 영화와 관계된 직업에 속한다.

4. **다음 주제에 대해 '구분·분류' 표현을 사용해서 이야기해 보세요.**

- 옷(의복)
- 음식
- 대륙과 국가

옷(의복)을 용도에 따라
···(으)로 나눌 수 있어요.

음식은 ···에 따라 크게
···(으)로 나눌 수 있어요.

영국, 프랑스, 독일은 유럽에 속해요.
한국, ···

5. 다음 주제에 대해 '구분·분류' 표현을 사용해서 써 보세요.

- 옷(의복)
- 음식
- 대륙과 국가

옷(의복)

음식

대륙과 국가

두걸음 원인과 결과

▶ 다음 일의 원인은 무엇일까요?

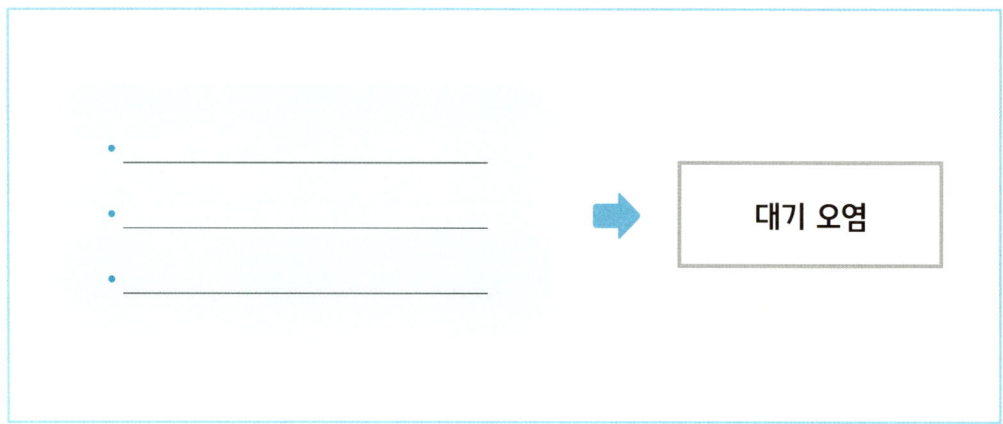

▶ 어떤 결과가 발생할까요?

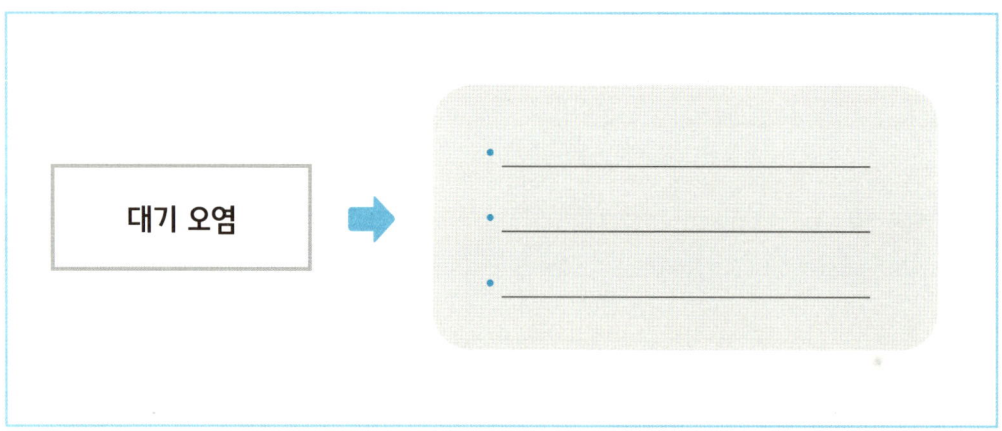

▶ 다음의 글을 읽고 '원인·결과'에 대해 알아봅시다.

최근 들어 한국어를 배우려는 외국인들이 많아지고 있으며 한국어의 인기는 갈수록 높아지고 있다. **한국어가 이렇게 인기를 얻고 있는 원인으로는** 한국 드라마, K-POP 등의 인기와 한국어에 대한 관심 증가 등**이 있다**.

1. <보기>와 같이 '원인·결과' 표현을 사용해서 써 보세요.

> **보기** 태풍 → 농작물 피해 증가
> • 이번 태풍**으로 인해** 농작물 피해가 증가했다.

1) 휴대용 전자 기기 사용 증가 → 종이책 사용 감소

→ _____

_____

2) 겨울 기온 상승 → 겨울 상품 판매 부진

→ _____

_____

> ▶ **원인·결과 관련 표현**
> • A이/가 B의 원인이다
> • A이/가 B에 영향을 주었다
> • A(으)로 인해(서) B-게 되었다, B-아/어졌다
> • B의 원인에는 A이/가 있다
> • B의 원인으로는 A을/를 들 수 있다, A이/가 있다
> • B의 원인은 다음과 같다. 첫째(우선), 둘째(다음으로), 셋째(마지막으로)

4. 문장에서 문단으로 II 57

2. '원인·결과' 표현을 사용해서 다음 글을 완성해 보세요.

1) 　　　　　　　　　　　원인　　　　　　　결과

올해 가뭄으로 과일 생산량이 크게 줄었다. 이로 인해 _____
_____
_____

2) 　　　　　　　　　결과

최근 계속된 폭염은 _____ 에 영향을 주었다. 에어컨, 선풍기 등의 매출은 작년에 비해 30%나 증가했고, 전자 제품 매장이나 대형 마트 등에서는 냉방 기기를 찾는 사람이 끊이지 않고 있다.

3)

작년에 이어 올해도 한국으로 유학 온 학생이 크게 늘었다고 한다. 올해는 작년에 비해 유학생 비율이 25%나 상승했으며 앞으로도 계속 증가할 것으로 보인다. 유학생이 증가한 원인으로는 _____ 　원인
_____
_____

3. 다음 글에서 '원인·결과'가 나타난 부분에 밑줄을 그어 보세요.

1)
영화나 드라마가 인기를 끌게 되면 출연한 배우뿐만 아니라 영화 속에 나온 옷이나 영화를 촬영한 장소들도 인기를 얻게 된다. 최근 세계적으로 인기가 있었던 제주도의 한 관광지는 매일 찾아오는 수많은 관광객으로 인해 발 디딜 틈이 없다고 한다. 그러나 이러한 인기로 인해 그 관광지 주변의 주민들은 조용하던 동네가 갑자기 시끄러워지고, 쓰레기가 많아지는 등 오히려 불편을 겪기도 한다.

2)
최근 들어 비만 인구가 급속히 증가하고 있는데, 2020년 조사 결과에 따르면 30~40대의 절반 이상(54.4%)이 비만이라고 한다. 그 원인으로는 패스트푸드 등의 서구식 식습관과 운동 부족을 들 수 있다. 이러한 비만 인구 증가로 인해 고혈압과 당뇨 등의 성인병 환자도 늘고 있다고 한다.

3)
전체 인구 중 65세 이상 인구가 차지하는 비율이 7% 이상일 때 고령화 사회라고 하는데 한국은 이미 2000년부터 고령화 사회가 되었다. 급속한 고령화의 가장 큰 원인으로 저출산을 들 수 있다. 저출산으로 인해 미래 한국 사회에서는 노동력이 부족하게 되고 노인 복지와 관련된 여러 문제들이 생길 것이다.

4. 다음 주제에 대해 '원인·결과' 표현을 사용해서 이야기해 보세요.

- 저출산
- 지구 온난화
- 과일 가격 상승

저출산의 원인으로는 …을/를 들 수 있습니다.
이러한 저출산으로 인해 -게 되었습니다.

지구 온난화에 영향을 준 것은 …입니다.
지구 온난화로 인해 -게 되었습니다.

…(으)로 인해 과일이 비싸졌습니다.
과일 가격 상승은 …에 영향을 주었습니다.

5. 다음 주제에 대해 '원인·결과' 표현을 사용해서 써 보세요.

- 저출산
- 지구 온난화
- 과일 가격 상승

저출산

지구 온난화

과일 가격 상승

memo.

5

문장에서 문단으로 III

한걸음. 자료 분석

두걸음. 인용과 주장

한 걸음 자료 분석

▶ 두 글 중 어느 글이 내용을 전달하는 데 효과적입니까? 그렇게 생각한 이유는 무엇입니까?

〈자료를 그대로 나열하면서 글을 쓴 경우〉

미혼 남녀가 생각하는 배우자의 조건을 살펴보면 남자는 성격 38%, 사랑 26%, 외모 15%, 경제력 10%, 직업 6%, 기타 5%이다. 여자는 경제력 32%, 사랑 25%, 성격 23%, 직업 9%, 외모 7%, 기타 4%이다.

〈자료를 분석하고 표현을 활용하여 글을 쓴 경우〉

미혼 남녀가 생각하는 배우자의 조건을 살펴보면 남자는 성격이 무려 38%를 차지하였고, 그다음으로 사랑(26%), 외모(15%), 경제력(10%) 순이었다. 반면에 여자는 경제력(32%)이 가장 높게 나타나 남자와 큰 차이를 보인 반면 두 번째로는 사랑(25%)을 꼽아 남자와 비슷하게 나타났다. 위와 같은 설문 조사를 통해 배우자를 선택할 때 생각하는 남녀의 인식 차이를 알 수 있었다.

▶ 다음 글을 읽고 '자료 분석' 표현에 대해 알아봅시다.

관광객들이 가장 선호하는 장소는 명동**인 것으로 나타났다**.
그 뒤를 이어 경복궁과 서울 타워 **순으로 응답했다**.
한국 여행의 가장 큰 매력을 쇼핑이라고 답한 사람이 60%**에 달했다**.

1. 다음 그래프를 통해 알 수 있는 것을 쓰세요.

계획 중인 휴가 일수는 며칠인가?

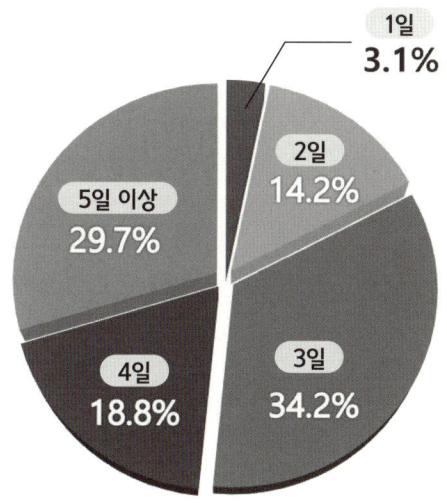

조사 대상: 20~40대 직장인 200명

20~40대 직장인 200명을 대상으로 계획 중인 여름휴가 일수를 조사한 결과,

① 3일로 응답한 사람이 약 34%로 가장 많은 것으로 나타났다.

② 전체의 약 30%는 휴가일을 5일 이상 계획하고 있다고 응답했다.

③ _____

④ _____

2. 다음 그래프를 통해 알 수 있는 것을 쓰세요.

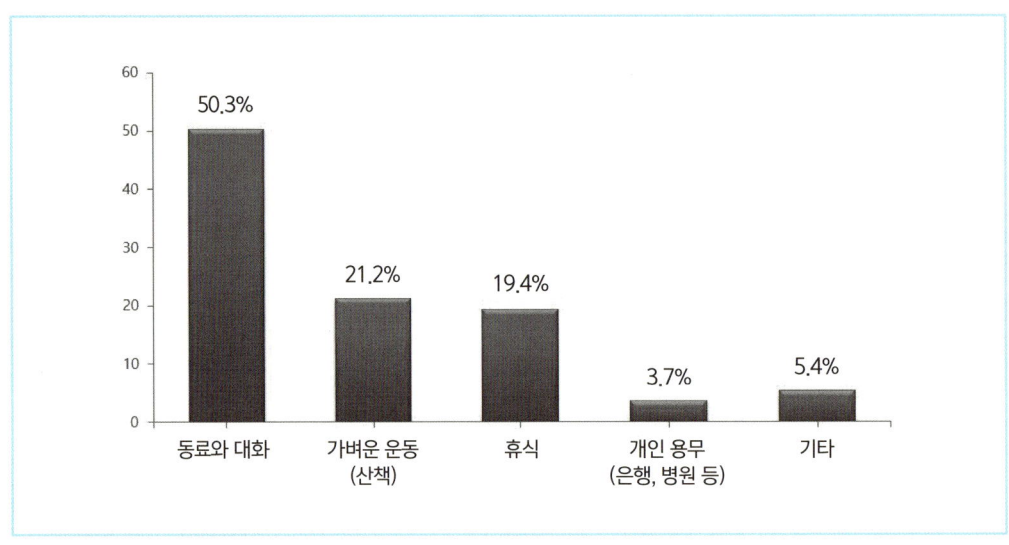

조사 대상: 직장인 300명

직장인 300명을 대상으로 점심시간 활용 방법을 조사한 결과,

① 동료들과 대화를 한다는 사람이 절반을 차지했다.

② _____

③ _____

④ _____

> ▶ 자료 분석하기 관련 표현 (1)
> - …을/를 대상으로 …에 대해 설문 조사를 실시했다
> - …이/가 …(으)로 나타났다, …을/를 차지했다
> - …이/가 …(으)로 가장 높게 나타났다, 가장 높은 것을 알 수 있다
> - 그다음으로 A, B, C 등의 순이었다, A, B, C 등이 뒤를 이었다
> - -다고 응답했다
> - …에 달했다
> - …에 불과했다

3. 다음 그래프를 통해 알 수 있는 것을 쓰세요.

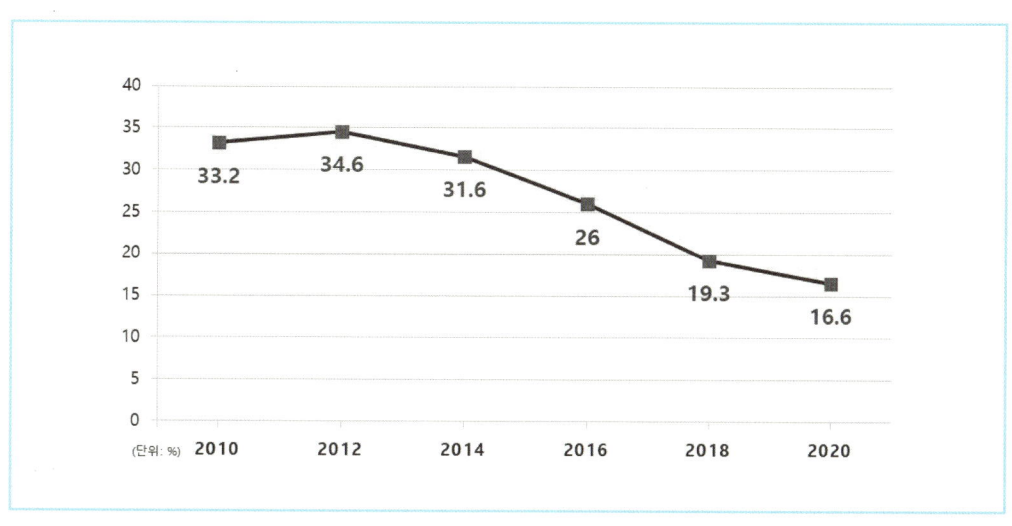

〈 출처: 한국언론진흥재단 〉

지난 10년간 라디오 이용률의 변화를 살펴보면,

① 2012년까지 증가하다가 그 이후로 지속적으로 감소한 것으로 나타났다.

② _____

③ _____

④ _____

4. 다음 그래프를 통해 알 수 있는 것을 쓰세요.

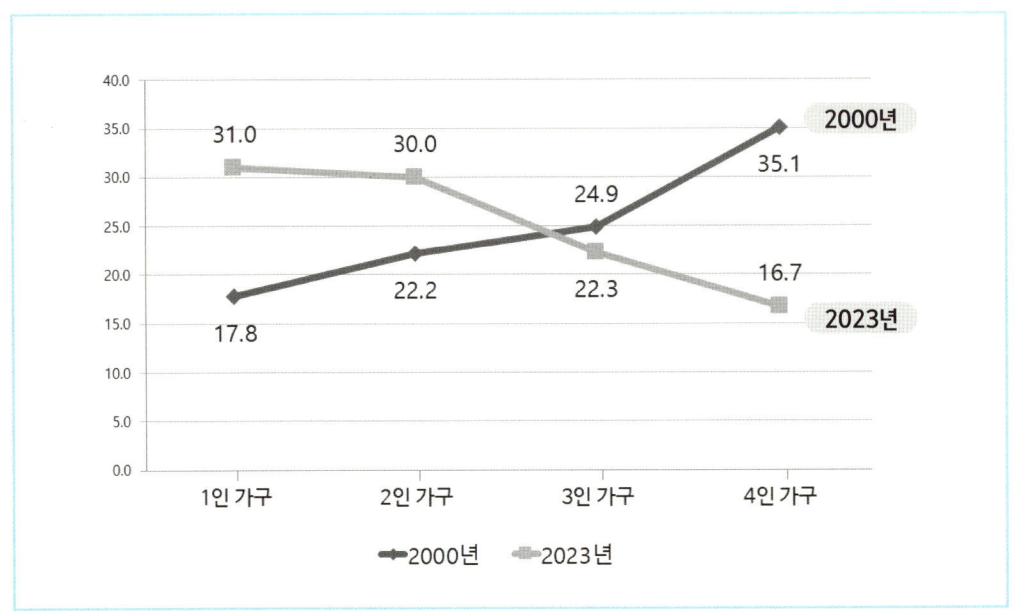

① _____ 【-ㄴ/는 것으로 나타났다】

② _____ 【…에 비해】

③ _____ 【…와/과 비교해 보면】

④ _____ 【-(으)ㄹ 것으로 예상된다】

▶ **자료 분석하기 관련 표현 (2)**
- 꾸준히/지속적으로 증가하다 ↔ 감소하다
- 급격히/가파르게 증가하다 ↔ 감소하다, 급증하다/급등하다 ↔ 급감하다/급락하다
- 점진적으로/서서히/완만하게 증가하다, 감소하다
- 변화가 없다, 변동이 없다, 제자리걸음을 하다
- 이를 통해 -다는 것을 알 수 있다
- 이는 - 다는 것으로 해석되다/보이다
- 이에 비해, 이와 달리, 이에 반해, 이와 반대로, 반면에
- …에 비해, …와/과 달리, -(으)ㄴ 반면에, …와/과 비교해 보면
- -(으)ㄹ 것으로 보이다, 예상되다, 전망되다, 기대되다

5. 신문 기사는 사실과 의견으로 이루어져 있습니다. 다음 그래프를 분석한 내용 중 '의견'에 밑줄을 그어 보세요.

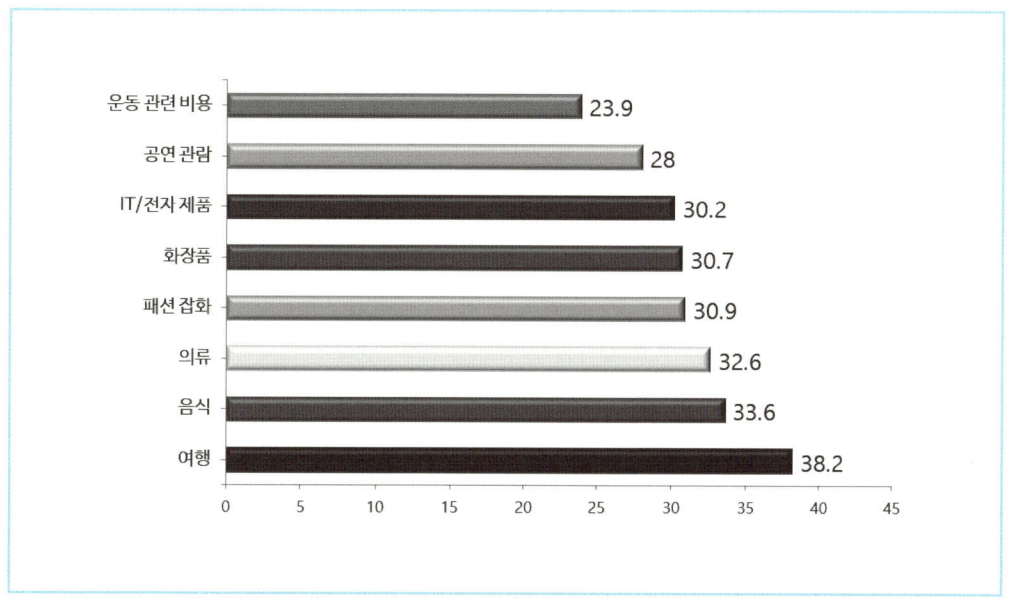

〈 출처: 트렌드모니터 / 단위: % 〉

　　최근 20대와 30대 남녀 직장인들을 대상으로 소비 품목에 대한 조사를 실시한 결과, 여행이 38.2%로 가장 높게 나타났다. 직장인들이 비용은 들더라도 바쁜 일상 속에서 지쳐가고 있는 자신을 위해 여행을 즐기는 것으로 보인다. 그다음으로 음식과 의류, 패션 잡화, 화장품, IT/전자 제품, 공연 관람 등의 순으로 나타났다. 운동이라 응답한 사람이 가장 적은 것으로 보아 20·30대 직장인은 건강에 대한 관심이 상대적으로 부족하다는 것을 알 수 있다.

6. 다음 자료를 통해 알 수 있는 사실과 예측할 수 있는 것에 대해 이야기해 보세요.

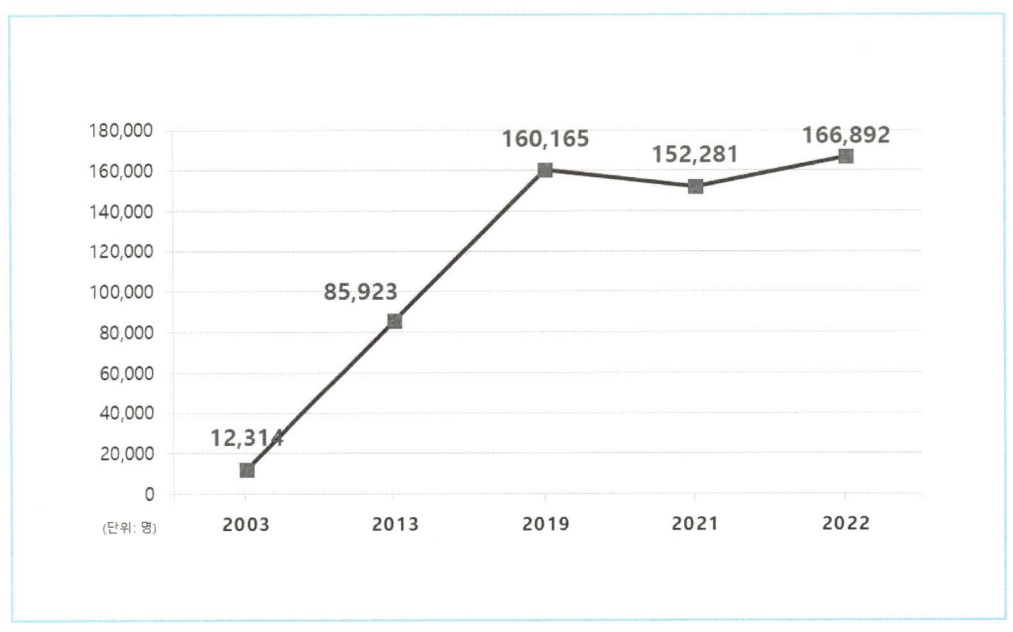

〈출처: 한국교육개발원〉

2003년도 이후
외국인 유학생 수가 급격히 …

2040년에는
외국인 유학생 수가 …

7. 다음 자료를 활용하여 분석하는 글을 써 보세요.

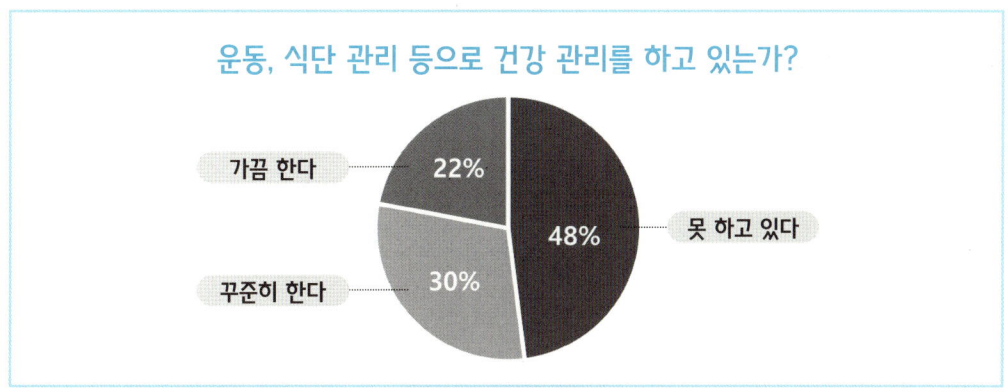

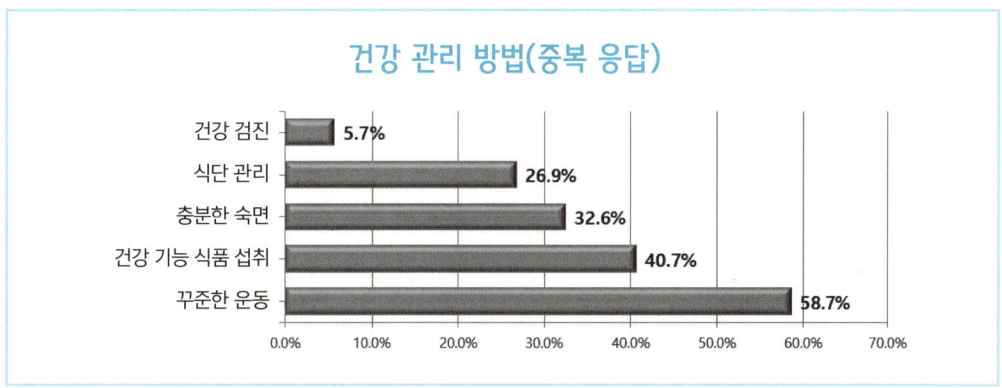

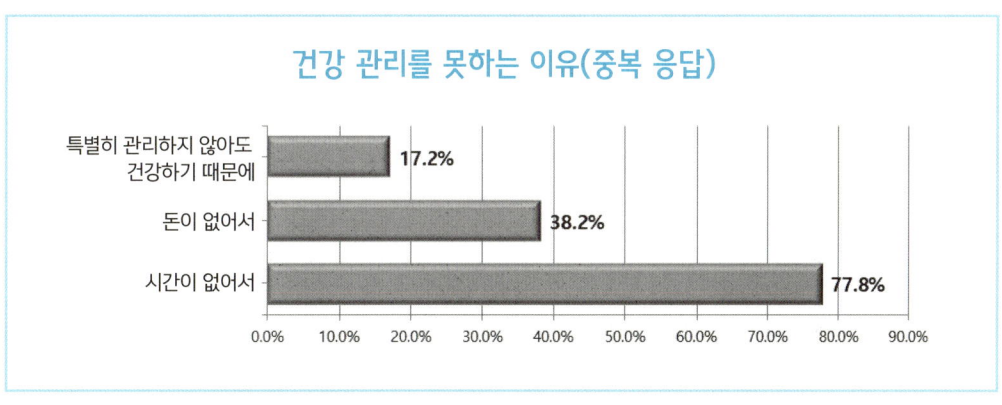

두 걸음 인용과 주장

▶ 두 글 중 어느 글이 자신의 의견을 전달하는 데 효과적입니까? 그렇게 생각하는 이유를 말해 보세요.

<자신의 생각만으로 글을 쓴 경우>

나는 한국의 대학교로 유학을 오는 외국인 학생들이 많이 늘어났다고 생각한다. 왜냐하면 학교를 다니다 보면 외국어로 이야기를 하는 학생들을 볼 수 있고, 내 주변에도 많은 외국인 친구들이 있기 때문이다. 한국의 드라마나 영화, 음악을 통한 한류 열풍으로 외국인들이 한국에 관심을 가지게 됨으로써 유학생들이 늘어난 것 같다.

<전문가의 글이나 자료를 인용하여 글을 쓴 경우>

지난 27일 법무부 출입국·외국인정책본부의 월별 통계에 따르면, 지난 10월 말 기준으로 국내 체류하는 외국인 유학생은 9만9142명이다. 특히 한국어 연수생이 지난해보다 무려 31% 증가했다. 한국의 드라마나 영화, 음악을 통한 한류 열풍으로 외국인들이 한국에 관심을 가지게 됨으로써 유학생들이 늘어난 것 같다.

보고서나 주장하는 글을 쓸 때에는 자신의 의견을 더욱 잘 표현하기 위해서 전문가의 글이나 자료를 인용하는 경우가 있습니다. 인용을 할 때에 인용한 부분과 자신의 주장을 명확하게 구분하지 않으면 표절이 될 수 있습니다.

▶ 다음 글을 읽고 '주장하기'에 대해 알아봅시다.

> 대학교에는 외국인 학생회가 필요하**다고 생각한다**. 똑같은 대학생으로서 권리를 보장받기 위해서도 필요하며, 예전에 비해 학교 내 외국인 유학생들이 많아져 이 학생들의 의견을 대표할 수 있는 단체가 필요하**기 때문이다**.

1. 다음을 읽고 주장하는 글을 써 보세요.

1)

주장	기숙사에 채식 메뉴를 추가해야 한다.
근거1	채식을 하는 학생이 늘고 있다.
근거2	메뉴에 대한 불만으로 기숙사 식당 이용자가 계속 감소하고 있다.

2)

주장	대중교통을 이용하는 것이 좋다.
근거1	대중교통을 이용하는 것만으로도 운동이 되므로 건강 유지에 도움이 된다.
근거2	자동차 매연을 줄임으로써 환경 보호를 실천할 수 있다.

> ▶ 주장하기 관련 표현
> - -아/어야 하다, 되다
> - -(으)ㄹ 필요가 있다
> - -는 것이 좋다
> - -아/어야 한다고 보다, 생각하다
> - 왜냐하면 -기 때문이다
> - 그 이유는 다음과 같다. 첫째…, 둘째….

▶ 다음 글을 읽고 인용하기에 대해 알아봅시다.

대부분의 어른들은 자녀들을 설득할 때 "아직 어리니까 어른들 말을 듣는 게 좋아."**라고 이야기를 한다**. 하지만 한 연구 결과**에 따르면** 자녀를 설득하는 방법에 있어 가장 비효율적인 방법은 나이와 권위를 앞세우는 것**이라고 한다**.

직접 인용   다른 사람의 말이나 글을 그대로 옮겨 쓰는 것

생택쥐페리의 작품 『어린 왕자』에는 **"**내가 좋아하는 사람이 나를 좋아해 주는 건 기적이야.**"라고 하**는 말이 나온다. 서로 마음을 나눈다는 것은 쉬운 일이 아닌 것 같다.

간접 인용   다른 사람의 말이나 글을 자기의 말로 바꾸어 쓰는 것

어느 책에서 내가 좋아하는 사람이 나를 좋아해 주는 것은 기적이**라고 한** 것을 본 적이 있다. 서로 마음을 나눈다는 것은 쉬운 일이 아닌 것 같다.

▶ 인용하기 관련 표현
- …에 따르면, 의하면
- …에서는
- "…"라고 하다
- "…"라는 말이 있다
- -다고 하다, 밝히다, 발표하다
- -다는 말이 있다

▶ 인용의 방식을 바꿔 보세요. 【직접 인용 ⇌ 간접 인용】

1. 건강 프로그램에서 한 의사가 "여름철에 갈증이 날 때 콜라 같은 탄산음료를 마시는 것보다 오미자차를 마시는 것이 좋습니다."라고 말했다. 오미자차는 갈증을 없애고 땀을 덜 나게 하므로 여름철 건강을 지키는 데에 도움이 될 것이다.

   → _____

2. 환경 전문가에 의하면 지구의 기온이 매년 1.5℃ 상승할 경우, 지구 온난화로 인한 피해가 점점 더 커질 것이라고 한다.

   → _____

3. 영국 일간지에서 "전 세계에 퍼진 한국의 매력은 음악뿐만 아니라 영화, 드라마, 비디오 게임, 패션, 음식으로까지 이어졌습니다."라는 기사를 본 적이 있다.

   → _____

▶ '사형 제도에 찬성/반대'를 주장하는 글을 써 보세요.

찬성	반대
□ 현재 살인 범죄 등 강력 범죄가 30% 증가함 □ 피해 가족을 대상으로 보복하는 범죄 가능성이 감소할 수 있음 □ 사형은 사회 정의를 실현하는 것임	□ 사회적 책임으로서 범죄자에게 반성할 기회가 주어져야 함 □ 한 사회에서 범죄자가 나오면 그 사회도 책임이 있음 □ 미국에서 사형 제도가 있는 지역이 없는 지역에 비해 살인 사건 발생률이 높았다는 조사 결과가 있음

나는 사형 제도에 _____ 한다.

_____

_____

_____

_____

6 글쓰기로 들어가기 I

한걸음. 요약하기

두걸음. 이어쓰기

 **요약하기**

▶ 다음 글에서 중요한 내용에 밑줄을 긋고, 1~2 문장으로 요약해 보세요.

> **보기**
> <u>그림 그리는 것</u>을 <u>좋아하는</u> 사람들이 많다. 그런 사람들은 시간이 날 때마다 그림을 그리기도 하고, 주말에 일부러 시간을 내서 <u>자주 그림을 그리기도 한다</u>. 그들이 이렇게 그림을 그리는 이유는 그림을 그릴 때 <u>마음의 안정을 느끼기</u> 때문이다. 정신없이 살다가 지쳤을 때 잠깐이라도 그림을 그리다 보면 마음이 편안해진다는 것이다. 그리고 그림에 <u>집중하다</u> 보면 <u>복잡한 생각</u>을 잠깐이라도 <u>잊게 되고</u>, 작품이 완성되면 <u>성취감도 얻을</u> 수 있다.

❶ 중요한 단어들(어휘, 표현)을 찾는다.
❷ 그 단어들을 연결한다.
❸ 문장을 자연스럽게 만든다.

(Tip) 필요하면 순서를 바꿔도 돼요.

> 그림 그리는 것을 좋아하는 사람들은 자주 그림을 그린다. 그 이유는 그림을 그릴 때 마음의 안정을 느끼고, 집중하다 보면 복잡한 생각도 잊고, 성취감도 얻을 수 있기 때문이다.

1.

겨울철이 되면 감기 때문에 부모들은 아이들이 밖에서 노는 것을 걱정한다. 그래서 대부분의 아이들을 집밖으로 내보내지 않는다. 물론 추운 겨울에 찬바람을 맞으면 감기에 더 걸리기 쉽고, 세균에도 더 잘 노출된다. 그러나 집에만 있는 아이보다 밖에서 뛰어 노는 아이들이 더 건강하게 자랄 가능성이 높다. 왜냐하면 밖에서 뛰어 노는 것이 몸을 더 건강하게 하고 여러 가지 세균을 이길 수 있는 힘도 생기기 때문이다.

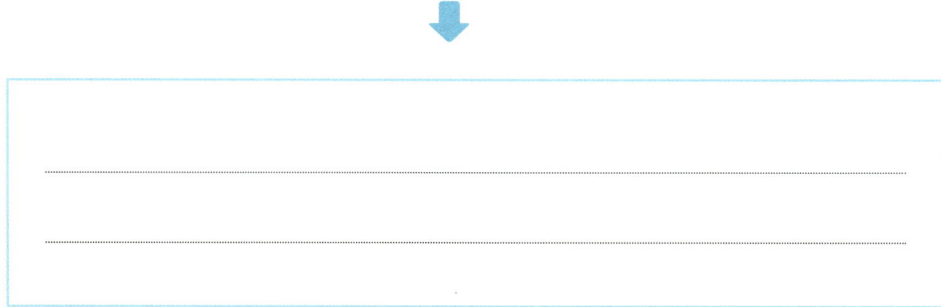

2.
    한국 가수들이 세계 곳곳에서 인기를 끌고 있다. 가수들은 어릴 때부터 세계 무대를 목표로 체계적으로 노래와 춤을 연습하고 외국어까지 공부하고 있다. 이러한 끊임없는 노력과 전문적인 훈련이 한국 가수들의 인기 비결이라고 할 수 있다. 게다가 인터넷의 발달로 신곡이나 뮤직비디오가 점점 더 빨리 알려지는 것도 인기 요인 중 하나이다.

⬇

3.
    만화 영화에서 대부분의 쥐들은 치즈를 좋아하는 것으로 나온다. 만화 영화를 보면서 사람들은 쥐가 치즈를 좋아한다고 믿게 되었다. 그래서 쥐를 잡기 위해 쥐덫에 치즈를 놓는다. 그렇지만 실제로는 쥐가 치즈보다 과일이나 곡물 같은 자연식품을 더 좋아한다고 한다. 이런 잘못된 생각은 과거의 치즈 보관법에서 비롯되었다. 예전에는 치즈를 용기에 넣지 않고 보관했는데 그러다 보니 쥐가 쉽게 치즈에 다가갈 수 있었다. 이런 모습을 본 사람들이 쥐가 치즈를 좋아한다고 생각하게 된 것이다.

⬇

▶ 다음 글을 읽고 중요한 내용에 밑줄을 그어 보세요. 그리고 한 문장으로 주제문을 써 보세요.

보기

<u>한국 사람들을 만나면 가끔 나이를 물을 때가 있다.</u> 어떤 외국인들은 이런 사적인 질문에 당황하기도 한다. 그러나 한국 사람들의 이런 모습은 <u>상대에게 예의를 갖추기 위한 행동</u>이라고 할 수 있다. 일반적으로 한국 사람들은 예의를 중요하게 생각한다. 나이나 지위에 따라 높임말을 달리 사용하는가 하면 인사할 때나 식사할 때에도 각각 지켜야 할 예절이 있다. 그런 이유로 한국 사람들은 가끔 상대의 나이를 묻기도 한다.

⬇

한국 사람들은 예의를 갖추기 위해 상대의 나이를 묻는다.

1.

백화점에는 창문과 벽시계가 없다. 창문이나 시계가 있으면 더 예쁘고 편리하겠지만 고객들이 조금 더 쇼핑에 집중하게 하려고 일부러 없앤 것이다. 또한, 백화점은 쇼핑을 위해 밝은 조명을 항상 켜 두고 에스컬레이터의 위치를 적절히 배치한다. 이렇듯 우리는 백화점에 숨겨진 상업적인 비밀들을 쉽게 지나치고 있다.

⬇

2.

외국어를 배우는 것은 힘들고 어려운 일이다. 그러나 우리가 외국어를 배운다면 그 나라의 문화나 사람들을 더 잘 이해할 수 있다. 우리가 외국어를 한다면 우리가 아는 세계보다 더 큰 세계가 있다는 사실을 알게 될 것이다.

⬇

▶ **다음의 글을 읽고 알맞은 제목을 써 보세요.**

1.

제목: _____

　오늘날 한국에서 찜질방은 남녀노소 모두가 찾는 공간이다. 실제로 한국의 모든 도시에서 찜질방을 쉽게 찾을 수 있다. 예전에 한국 사람들은 때를 씻기 위해 목욕탕에 갔지만 요즘은 가족이나 친구들과 여유 있게 시간을 보내거나 쉬기 위해 찜질방에 가곤 한다. 사람들은 찜질방에서 찜질뿐만 아니라 식혜, 삶은 달걀과 같은 맛있는 간식을 먹고 수다를 떨기도 한다. 이렇게 찜질방은 한국인들에게 없어서는 안 될 소중한 여가 공간이 되었다.

2.

제목: _____

　한국은 교육열이 뜨겁기로 유명하다. 한국 학생들과 학부모들은 공부를 중요하게 생각해서 어릴 때부터 성적에 관심이 많다. 특히, 고등학교 3학년 학생들은 대학 입학시험 준비로 인해 심한 스트레스를 받고 있다. 이 스트레스로 인해 육체적, 심리적 병이 생기곤 하는데 이를 고3병이라고 한다. 그래서 시험 날이 다가 오면 한국에서는 합격 기도, 합격 떡과 엿, 고3 학생 쿠폰 등 독특한 풍경을 볼 수 있다.

▶ 다음 신문 기사를 요약하려고 합니다. 중요한 단어에 밑줄을 긋고, 그 단어들을 이용해서 요약해 보세요.

한국을 '제2의 고향'으로 여기고 살던 미국인 여성이 뇌사 상태에 빠지자 자신의 장기를 한국인들에게 기증하고 생을 마쳤다. 국내에서 뇌사 상태의 서양인이 장기를 기증한 것은 처음이다. 100만 명당 장기 기증자가 미국에서는 35명에 달하지만 한국은 5명에 불과한 현실에서 잔잔한 감동을 주고 있다.

27일 서울 ○○ 병원에 따르면 경기도 소재의 한 외국인 학교 교사인 미국인 제시카 프릴(52세)이 지난 20일 수업 도중 뇌출혈로 쓰러져 병원으로 옮겨졌지만 뇌사 판정을 받았다.

같은 학교 교장인 남편 모건 프릴은 부인의 뇌사 하루 만에 장기 기증을 결심했다. 16년 전 함께 한국에 와 교육·선교 사업에 힘써 온 부인의 평소 뜻에 따른 것이다. 프릴은 23일 오후 간·신장·각막 등에 대한 장기 적출 수술을 받고 이튿날 새벽 세상을 떠났다.

고인의 신장은 신장 질환자에게, 간은 간 질환자에게, 각막 2개는 각막 혼탁 환자들에게 각각 이식됐다. 프릴의 뼈·피부 조직은 뼈의 길이가 짧거나 화상을 입은 환자 등에게 이식하기 위해 보관 중이다. 고인의 장기 기증을 통해 새 삶을 얻은 환자들은 빠른 속도로 회복 중이며 건강 상태도 양호하다.

〈가나다 신문, 박진주 기자〉

윗글을 한 문단으로 요약해 보세요.

윗글에 적절한 제목을 붙여 보세요.

 **이어 쓰기**

▶ 주어진 중심 문장에 따라, <보기>와 같이 글을 길게 써 보세요.

보기

(중심 문장) 한국 사람들은 김치를 좋아한다.

　한국 사람들은 김치를 좋아한다. 그래서 대부분의 한국 식당에서 김치는 필수 반찬으로 나오고, 대형 마트에서도 쉽게 김치를 찾아볼 수 있다. 어떤 사람들은 외국 여행을 갈 때에도 김치를 꼭 챙겨 간다. 한국 사람의 김치 사랑은 김치 요리의 종류에서도 엿볼 수 있다. 김치찌개, 김치전, 김치볶음밥, 김칫국 등 한국 사람은 여러 가지 방법으로 김치를 먹는다.

> (Tip) 앞에서 배운 내용을 활용하면 좋아요.
> ❶ 정의와 예시　　❷ 비교와 대조
> ❸ 구분과 분류　　❹ 원인과 결과
> ❺ 자료 분석　　　❻ 인용과 주장

1. (중심 문장) 한국과 우리 나라는 다른 것이 많다.

　　한국과 우리 나라는 다른 것이 많다.

2. (중심 문장) 환경 오염이 갈수록 심각해지고 있다.

　　환경 오염이 갈수록 심각해지고 있다.

▶ <보기>와 같이 주어진 문장을 중심으로 글을 길게 써 보세요.

보기

그림 그리는 것을 좋아하는 사람들이 많다. 그런 사람들은 시간이 날 때마다 그림을 그리기도 하고 주말에 일부러 시간을 내서 자주 그림을 그리기도 한다. 그림에 집중하다 보면 복잡한 생각을 잠깐이라도 잊게 되고 작품이 완성되면 성취감도 얻을 수 있다.

그림 그리는 것을 좋아하는 사람들이 많다. 그런 사람들은 시간이 날 때마다 그림을 그리기도 하고 주말에 일부러 시간을 내서 그림을 그리기도 한다. <u>그들이 이렇게 그림을 그리는 이유는 그림을 그릴 때 마음의 안정을 느끼기 때문이다. 정신없이 살다가 지쳤을 때 잠깐이라도 그림을 그리다 보면 마음이 편안해진다는 것이다.</u> 그리고 그림에 집중하다 보면 복잡한 생각을 잠깐이 라도 잊게 되고 작품이 완성되면 성취감도 얻을 수 있다.

1. 한국 사람들은 윗사람에 대한 예의를 중요하게 생각한다. 윗사람과 대화를 할 때에도, 식사를 할 때에도 갖춰야 할 예의가 있다. 이것은 술 문화에서도 동일하다.

한국 사람들은 윗사람에 대한 예의를 중요하게 생각한다. 윗사람과 대화를 할 때에도, 식사를 할 때에도 갖춰야 할 예의가 있다. _____

_____

_____

이것은 술 문화에서도 동일하다. _____

_____

_____

2. 칭찬은 인간관계에서 아주 중요한 역할을 한다. 다른 사람을 인정하고 존중하는 것은 원만한 인간관계를 형성하는 데 도움이 된다. 그러나 과도한 칭찬은 오히려 부정적인 영향을 미칠 수 있다.

칭찬은 인간관계에서 아주 중요한 역할을 한다. 다른 사람을 인정하고 존중하는 것은 원만한 관계를 형성하는 데에 도움이 된다. 또한, _____

_____

_____

그러나 과도한 칭찬은 오히려 부정적인 영향을 미칠 수 있다. _____

_____

_____

1. 다음 글을 읽고 어울리지 않는 문장을 고르세요.

1)
> ㉠ 나는 바다보다 산을 좋아한다. ㉡ 산에 비해 바다는 여러 면에서 나에게 많은 유익을 준다. ㉢ 산에서는 바다에서 즐길 수 있는 다양한 스포츠와 탁 트인 풍경은 없지만, 나무 사이를 지나가다 보면 상쾌함과 여유를 누릴 수 있다. ㉣ 그래서 나는 최근 정기적인 등산과 산림욕을 통해 건강을 유지하고 있다.

2)
> ㉠ 요즘 한국에서 평일 결혼식이 인기를 얻고 있다. ㉡ 보통 결혼식은 주말에 많이 하는데 예식장의 빡빡한 일정과 주차 문제에서 벗어날 수 있기 때문에 평일 결혼식이 느는 것이다. ㉢ 직장인들은 대부분 평일에 시간을 내는 것이 쉽지 않으므로 주말에 결혼을 많이 한다. ㉣ 평일에 결혼을 하게 되면 시간도 여유롭게 쓸 수 있고 비용도 크게 줄일 수 있는 장점이 있다.

2. 다음 글을 읽고 중심 문장을 고르세요.

1)
> ㉠ 저출산 문제에 대한 대책이 시급하다. ㉡ 여성 취업 인구 증가, 양육비 부담 등의 원인으로 인해 가구당 출생률이 점점 떨어지고 있다. ㉢ 또한, 평균 수명이 늘어나면서 장년층, 노년층의 인구는 늘어나는 데 반해 유소년 인구는 갈수록 감소하고 있다. ㉣ 이런 상황이 계속된다면 머지않아 한국 사회에서는 노동 인력 부족 현상이 심각하게 될 것이다.

2)
> ㉠ 흔히 사람들은 땀을 많이 흘리고 활동량이 많은 운동이 건강에 좋다고 생각한다. ㉡ 그래서 헬스장에 가서 무거운 운동 기구를 들거나 아주 빠른 속도로 러닝머신을 타는 사람이 많다. 그런 사람들은 걷기나 스트레칭과 같은 가벼운 운동을 시시하다고 생각한다. ㉢ 그런데 무거운 운동 기구나 전력 달리기는 때로 몸의 근육과 뼈에 부담을 줄 수 있고 부상의 위험도 따른다. ㉣ 반면에 걷기와 스트레칭은 몸의 부담이나 부상의 위험도 적고 쉽기 때문에 지속적으로 한다면 오히려 건강에 더 유익하다. ㉤ 그러므로 운동에서 중요한 것은 얼마나 활동량이 많으냐가 아니라 얼마나 지속적으로 하느냐이다.

▶ **다음 글을 읽고 글 뒤에 이어질 내용을 써 보세요.**

1.
안락사를 반대하는 사람들은 의사가 내리는 의학적 판단에 한계가 있을 수 있다는 점에서 안락사를 반대한다. 또한, 안락사를 반대하는 이유로 사람이 다른 사람의 생명을 좌지우지할 수 없다는 윤리적 정당성을 들기도 한다. **그러나 안락사에 찬성하는 사람들 또한, 그들 나름의 이유가 있다.**

2.
요즘은 종이 신문보다 인터넷 신문을 이용하는 사람이 월등히 많다. 처음에 인터넷 신문은 종이 신문을 발행하는 언론사의 웹사이트를 통해 제공되었으나 지금은 인터넷으로만 뉴스를 제공하는 언론사들도 많이 생겼다.

인터넷 신문은 장점이 많다. 쌍방향 소통, 신속성 등이 대표적인 장점이다. 우선, 인터넷 신문은 기사에 댓글을 달 수 있다. 종이 신문과 같은 일방적인 기사 전달 방식과는 다르다. 댓글을 통해 독자들끼리 뉴스에 대한 의견을 공유하기도 하고 토론도 이루어진다. **그러나 인터넷 신문의 한계와 단점도 있다.**

▶ 다음 글을 읽고 글의 앞에 올 내용을 써 보세요.

1.

반면에 기숙사 생활의 불편한 점도 많이 있다. 기숙사를 학교에서 관리해 주기 때문에 안전한 점도 있기는 하나 출입 시간이 통제되어 있고 식사 메뉴도 제한되어 있다. 특히, 외국인 유학생 중에는 특정 재료가 들어간 음식이나 한국인의 식사에 빠질 수 없는 김치나 매운 음식을 못 먹는 학생들이 많다. 그런데도 이들을 위한 배려 없이 모든 학생에게 동일한 메뉴의 식사를 제공하는 것은 좋지 않다고 본다.

2.

이런 도시화의 문제에도 불구하고 많은 국가에서는 지금 이 순간에도 도시 건설 및 확장에 박차를 가하고 있다. 왜냐하면 많은 사람들이 도시가 주는 편리한 생활을 누리고 싶어 하기 때문이다. 도시화가 진행됨에 따라 교통이 편리해져서 도시 중심가로의 이동이 쉽고 학교나 병원 등을 쉽게 이용할 수 있다.

Tip

부연 설명	즉 다시 말해 구체적으로 살펴보면
추가 설명	또한 이뿐만 아니라 게다가
찬성·동의 표현	…에 대해 찬성한다/동의한다 …에 대해 긍정적으로 본다
반대 표현	…에 대해 반대한다/동의하지 않는다 …에 대해 부정적으로 본다
생각·의견 표현	내 생각에 내가 생각하기에(는) 나는 –다고 생각한다
문제 제기 표현	–는 것은 문제가 있다 –는 것은 문제가 있다고 본다 최근 –는 경우가 많다.
요약 표현	지금까지 …에 대해 살펴보았다
긍정 태도 표현	–는 것은 의미가 있다 –는 것은 타당하다/적절하다
부정 태도 표현	–는 것은 우려스럽다 –는 것은 바람직하지 않다

memo.

7 글쓰기로 들어가기 II

한 걸음. 입말을 글말로 쓰기

두 걸음. 두 문단 쓰기

한걸음 입말을 글말로 쓰기

▶ 입말과 글말이 어떻게 다를까요?

1. 문법

	입말	글말
조사	생략하는 경우가 많음	꼭 써야 함
	한테	에게
	(이)랑, 하고	와/과, 및
어미	-(으)니까 -아/어서 -아/어 가지고, -기 때문에	-(으)므로 -아/어 -(으)ㅁ에 따라
	때문에	(으)로 인해 (으)로 말미암아
	-아/어요	-ㄴ/는다, -다
	-아/어요?	-는가?, -(으)ㄴ가?
	-더라, -더라고요	-었/았다
	-대(요)	-ㄴ/는다고 하다
	-(으)ㄹ 거예요, -겠-	-(으)ㄹ 것이다
높임말	사용함 저/제/저희	사용하지 않음 나/내/우리

2. 단어

입말	글말
'이, 그, 저'를 다 사용할 수 있음	'저'는 사용하지 않음
부르는 말('선생님, 여러분' 등)을 사용함	부르는 말('선생님, 여러분' 등)을 쓰지 않음
감탄을 나타내는 말, 주저하는 말 ('아, 저, 음' 등)을 사용함	감탄을 나타내는 말, 주저하는 말 ('아, 저, 음' 등)을 사용하지 않음
줄임말(난, 두 시엔 등)을 사용함	줄임말(난, 두 시엔 등)을 사용하지 않음
구어에 주로 쓰이는 부사를 사용함 '너무, 엄청, 되게, 진짜' '그러니까, 그래 가지고' '하지만, 그런데' '그리고' 등	문어에 주로 쓰이는 부사를 사용함 '아주, 매우, 상당히' '그러므로, 따라서' '그러나, 반면에, 이와 달리, 이에 반해' '또', '또한' 등
같은 말을 반복하기도 함	같은 말을 반복하지 않고 비슷한 뜻을 가진 다른 말로 바꿔 씀
한자어를 많이 사용하지 않음	한자어를 많이 사용함

3. 문장

입말	글말
문장 성분을 생략할 수 있음	문장 성분 생략을 제한함 단, 주어가 글쓴이이면 생략 가능함
생각나는 대로 문장을 연결하므로 순서가 바뀌어도 괜찮음	기본 어순에 맞게 써야 함

▶ 다음 입말을 글말로 바꿔 보세요.

> **보기** 오늘 날씨가 좋아요. → 오늘 날씨가 **좋다**.

1) 보통 주말에 친구를 만나요.

   → _____

2) 요즘 가족이 정말 보고 싶어요.

   → _____

3) 우리 교수님은 미국 사람이에요.

   → _____

4) 지난 주말에 부산으로 여행을 갔어요.

   → _____

5) 내년에 고향으로 돌아갈 거예요.

   → _____

6) 빈부 격차가 심해지는 이유가 뭐예요?

   → _____

7) 저는 기숙사 생활보다 자취 생활이 편합니다.

   → _____

8) 이번 방학 때 가족들이랑 함께 시간을 보내고 싶어요.

   → _____

9) 오랜만에 도서관에 갔는데 사람이 많아 가지고 그냥 돌아왔어요.

   → _____

10) 기름 값이 높아지니까 대부분의 물건 값이 인상됐어요.

   → _____

▶ 입말을 글말로 바꿔 보세요.

1. 만화를 보고 입말을 글말로 바꿔 보세요.

민수는 도서관에서 공부를 하다가 친구 수진과 약속 시간이 돼서 급하게 일어섰다. 그런데 서두르다가 지갑을 떨어뜨리고 갔다.

2. 드라마 대본을 보고 입말을 글말로 바꿔 보세요.

S# 2 학교 호수 앞 벤치

주연: (주연은 휴대폰에서 헤어진 남자친구 민호의 사진을 보고 있다.)

미나: (갑자기 미나가 주연의 어깨를 툭 치며) 야, 김주연! 뭐 해?

주연: (휴대폰을 감추며) 어, 미나야.

미나: 뭐야 뭐야, 뭐 보고 있었어? 뭘 감추는 건데?

주연: 아냐, 아무것도 아냐.

미나: (휴대폰을 뺏어 보며) 야. 너 아직 못 잊고 있어? 이 멍청이.

주연: 아, 그냥… 공부하다가 바람 좀 쐬러 왔는데, 여기 앉으니 갑자기 생각이 나네.
　　　(한숨을 쉬며) 예전에 민호랑 자주 왔던 곳이잖아.

미나: (불쌍한 듯 쳐다보며) 이젠 그만 잊어.
　　　1년이나 지났는데, 민호도 이민 가서 잘 살고 있다더라.

　　주연은 학교 호수 앞 공원에서 헤어진 남자친구 민호의 사진을 휴대폰으로 보고 있었다.

그때 갑자기

3. 다음 상황 중 하나를 골라서 4컷 만화로 간단히 그려 보세요.

- 유학을 허락 받으려는 아들/딸과 이를 반대하는 부모님
- 학교 축제 때 국가별 유학생 요리 대회를 계획하는 친구들

①

②

③

④

4. 자신이 그린 만화를 보고 입말을 글말로 바꿔 보세요.

 **두 문단 쓰기**

▶ 다음을 읽고 친구와 함께 이야기해 보세요.

> " 행복을 즐겨야 할 시간은 지금이다.
> 행복을 즐겨야 할 장소는 여기다. "
> – Robert Green Ingersoll –

> " 남을 행복하게 할 수 있는 사람이
> 자신의 행복도 얻는다. "
> – Plato –

> " 행복이란 손 안에 있을 때는 언제나 작아 보이지만
> 잃어버린 후에 얼마나 크고 소중한지 알게 되는 것이다. "
> – Maxim Gorky –

> " 인생에서 최고의 행복은 우리가
> 사랑받고 있다는 것을 믿는 것이다. "
> – Victor Marie Hugo –

> "   "

1. 행복에 대한 여러 정의 중에서 어떤 말에 가장 공감합니까?

   → _____

2. 여러분이 생각하는 행복이란 무엇입니까?

   → _____

▶ 다음 자료를 보고 이야기해 보세요.

<행복의 조건>

초등학생 (1,711명)

| 화목한 가정 43.6% | 건강 20.6% | 자유 13% | 기타 22.8% |

중학생 (2,561명)

| 화목한 가정 23.5% | 건강 15.4% | 자유 15.2% | 기타 45.9% |

고등학생 (2,641명)

| 돈 19.2% | 성적 향상 18.7% | 화목한 가정 17.5% | 자유 13% | 기타 31.6% |

1. 행복의 조건은 연령별로 어떤 차이가 있어요?

   →

2. 위의 그래프를 보고 연령별 행복의 조건에 대해 설명하는 글을 쓰세요.

▶ 다음 자료를 보고 친구와 이야기해 보세요.

국가별 행복 지수

순위	국가	점수
1	핀란드	7.8
2	덴마크	7.6
3	아이슬란드	7.5
4	이스라엘	7.5
5	네덜란드	7.4
6	스웨덴	7.4
7	노르웨이	7.3
8	스위스	7.2
9	룩셈부르크	7.2
10	뉴질랜드	7.1
⋮		
15	미국	6.9
16	독일	6.9
⋮		
47	일본	6.1
⋮		
57	대한민국	6.0

〈출처: 2023 세계 행복 보고서〉

1. 행복 지수가 높은 나라들은 어떠한 특징이 있을까요?

_____
_____
_____

2. 행복 지수를 높이려면 어떻게 해야 할까요?

_____
_____
_____

▶ 다음 글을 읽고 친구와 이야기해 보세요.

지선아, 사랑해

지난 2000년 이화여자대학교 유아교육과 학생이었던 이지선 씨는 음주 운전자가 일으킨 7중 추돌 사고로 온몸의 절반 이상에 3도 화상을 입었다. 이지선 씨는 자신이 겪은 사건이 고통스러웠지만 사건을 '당했다' 대신 '만났다'라고 생각하며 고통의 시간과 잘 헤어질 수 있었다면서 또 '다른 지선이들'에게 희망을 주었다. 생사를 넘나드는 경험을 한 뒤 이지선 씨는 새로운 목표를 가지고 사회복지학과로 전공을 바꾸었다. 그 후 미국 유학을 떠나 23년 만에 모교로 돌아와서 대학 교수로서 강단에 서게 되었다.

〈출처: MBC 뉴스 2023. 3. 4.〉

1. 이지선 씨가 불행을 극복하고 행복한 삶을 살 수 있었던 방법은 무엇입니까?

_____
_____
_____

2. 여러분은 어려움을 겪은 적이 있습니까? 그것을 어떻게 극복했습니까?

_____
_____
_____

▶ 앞에서 살펴본 자료를 바탕으로 '행복'과 관련된 주제로 두 문단의 글을 써 보세요.
 단, 다음의 내용을 포함해서 쓰세요.

☐ 정의하기   ☐ 인용하기   ☐ 자료 분석하기   ☐ 예를 들기

1문단

☐ 정의하기
☐ 인용하기

2문단

☐ 자료 분석하기
☐ 예를 들기

▶ 가로 세로 단어 맞추기

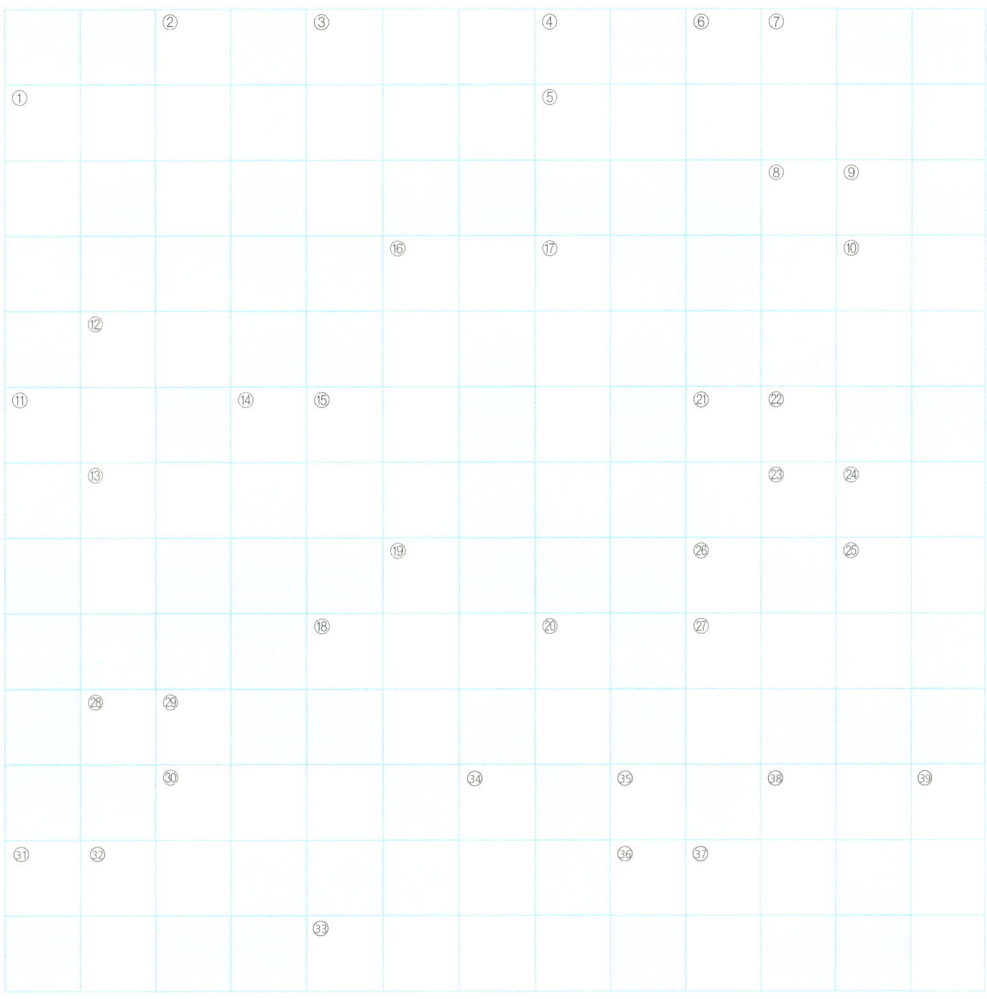

[가로]
① 학교나 회사 등에서 학생이나 직원들이 함께 먹고 자는 집.
③ 뉴스를 진행하는 사람.
⑤ 조금이라도 어려움이 있으면 곧 우는 사람을 이르는 말.
⑥ 각각의 사람이 따로따로.
　예) 가: 선생님, 내일 한국 문화 체험하러 가잖아요. 점심은 어떻게 해요?
　　　나: 아, ○○ 도시락을 준비해 오세요. 날씨가 좋으면 밖에서 먹고,
　　　　　비가 와도 차 안에서 먹을 수 있으니까요.
⑧ 오늘 본 영화는 정말 ○○적이었어요. 마지막 장면에선 눈물도 나더라고요.

⑩ 여자가 결혼을 할 때 쓰는 말. ○○가다.
⑪ 어떤 사실이나 상황에 관한 자세한 지식이나 자료.
　　예) 요즘 사람들은 인터넷을 통해 많은 ○○를 얻어요.
⑫ 열, 스물, 서른, 마흔, 쉰, 예순, 일흔, ○○, 아흔, 백
⑬ 흘러가는 시간. '○○이 쏜살같다', '○○이 약이다'와 같은 말이 있음.
⑭ 한국에서 즐겨 먹는 중화요리의 하나.
　　고기와 채소를 넣어 볶은 중국 된장에 국수를 비벼 먹는 요리.
⑯ 대개 4, 5세부터 초등학생까지의 아이. 5월 5일은 ○○○날임.
⑱ 여러 방면에서 아주 잘하는 사람을 두고 부르는 말.
㉑ 뜻밖에 일이 잘 되어 운이 좋음.
　　예) 가: 어제 학교 앞에서 교통사고 난 거 들었어?
　　　　나: 정말? 큰 사고야? 사람이 많이 다쳤어?
　　　　가: 차는 많이 부서졌는데 사람은 안 다쳤대.
　　　　나: 정말 ○○이네.
㉓ 사람이 몸을 단련하거나 건강을 위하여 몸을 움직이는 일.
　　야구, 농구, 달리기, 수영 등을 모두 ○○이라고 함.
㉕ 말이나 글의 뜻.
㉗ 사람이나 사물의 소리를 흉내 낸 말.
　　예) 멍멍, 음메, 야옹, 쨍그랑, 퍽 등.
㉘ 눈에서 나오는 물. 자극이나 감동을 받으면 나옴.
㉚ B.C. 37년에서 A.D. 668년까지 한반도 북부와 중국 동북 지방에 위치한 나라.
　　신라, 백제와 함께 고대 삼국시대를 이루었음.
㉛ 빨래하는 기계.
㉝ 인생은 변화가 많아서 예측하기가 어렵다는 뜻의 사자성어. 현재 겪고 있는 나쁜 일이 나중에 좋은 일이 될 수 있고, 반대로 좋은 일이 나쁜 일이 될 수도 있다는 뜻.
㊱ 어떤 사물이나 현상을 보고 느낀 것을 쓴 글. 영화를 본 후에 생각이나 느낌을 쓴 글을 '영화 ○○○'이라고 함.
㊳ 상품과 서비스를 구입하거나 사용하는 사람.

[세로]
① 신문, 잡지, 방송 등에 실을 기사를 취재하여 쓰거나 편집하는 사람.
② 비자를 신청하거나 변경할 때 가는 곳.
③ 예) 가: 요즘 밥은 잘 먹고 다니니?
　　　　나: 너무 바빠서 안 먹을 때가 더 많아요.
　　　　가: ○○○ 바빠도 밥은 먹어야지. 그렇게 밥을 안 먹으면 건강에 안 좋아.

④ 한국의 수도.
⑦ 자신이 있다는 느낌.
  예) 가: 얼굴이 안 좋아 보여요. 무슨 일이 있어요?
      나: 공부를 열심히 하고 시험을 쳤는데도 성적이 좋지 않아요.
          계속 이러니까 ○○○이 점점 없어지네요.
⑨ 같은 때나 시기.
  예) 나는 두 가지 이상의 요리를 ○○○ 할 수 있다.
      이번 화재는 도시의 여러 곳에서 ○○○ 발생했다.
⑫ 전화를 할 때 상대방을 부르는 말.
⑮ 여름철에 며칠 동안 계속해서 비가 내리는 현상이나 날씨.
⑯ 확실하지는 않지만 추측하여 생각할 때
  예) 가: 이 영화 정말 보고 싶었는데 벌써 매진이네. 어떡하지?
      나: ○○○ 다른 극장에는 표가 있을지도 몰라. 한번 가 보자.
⑰ 취직하기 위해 자기의 소개와 학력, 경력을 쓰는 문서.
⑲ 불이 났을 때 신고하는 곳. 한국에서는 이 곳의 전화번호가 119임.
⑳ 괴로움이나 어려움을 참는 것.
㉒ '불운'의 반대.
  예) 가: 이것 봐. 네 잎 클로버야.
      나: 네 잎 클로버는 ○○을 가져온다지? 네게 좋은 일이 생기려나 봐.
㉔ '책방과 서점', '남자와 남성', '해와 태양'처럼 뜻이 같은 말을 ○○○라고 한다.
㉖ 대학교에서 학생들을 가르치는 데 쓰는 방.
㉙ 물에 사는 동물의 한 종류. '생선'의 다른 이름.
㉜ 물건을 올려놓기 위해 책상 모양으로 만든 가구.
㉞ 화장할 때나 화장실에서 쓰는 종이. '휴지'의 다른 말.
㉟ 마음에 느끼는 것.
  예) 가: 오늘이 마지막 수업이에요. 이번 학기가 어땠는지 각자 ○○을 얘기해 보세요.
      나: 저는 정말 좋은 친구들과 선생님을 만나 잊을 수 없는 한 학기를 보낸 것 같아요.
㊲ 문제나 고민이 있을 때 해결하기 위해 서로 이야기함.
   사람들 입에 오르내려 전하여 들리는 말.
  예) '발없는 말이 천리를 간다'라는 한국 속담이 있는데,
      이것은 ○○이 아주 빨리 퍼진다는 뜻입니다.
㊴ 아이를 재우기 위해 부르는 노래.

[정답]

8 설명하는 글쓰기

한걸음. 설명하는 글을 쓰려면

두걸음. 내용 마련과 틀 짜기

세걸음. 개요 작성과 구두 작문

네걸음. 글 완성하기

> 설명하는 글을 쓰면서 제가 알고 있는 것과 새로 알게 된 지식을 체계적으로 정리하는 방법을 배웠어요. 우리 주변에는 새로운 정보가 많은데 그중에서 꼭 필요한 것만 골라서 비교하고 분류하는 즐거움을 느끼게 됐어요. 다른 사람에게 쉽게 설명하기란 참 어려운 일이란 것도 알게 되었고요.
>
> 〈응OOO〉

▶ **정확하게 설명하는 것이 얼마나 중요한지 생각해 봅시다.**

- 신입생에게 도서관 이용 방법을 말해 보세요.
- 도서관의 층별 도서를 안내해 보세요.

한 걸음 설명하는 글을 쓰려면

▶ 다음 글을 읽고 문제점을 이야기해 보세요.

1.

떡볶이 조리법
① 떡볶이 떡을 씻어 놓고 양배추를 적당하게 썬다.
② 재료를 냄비에 담고 물과 고춧가루, 설탕, 소금을 알맞게 넣어 한동안 끓인다.

2.

발표를 잘하려면 먼저 발표 내용이 잘 구성해야 하고, 발표할 때의 표현과 발표 태도까지 여러 가지는 고려해야 한다. 그리고 발표 내용가 잘 이해하고 충분히 연습을 하면 된다. 또한, 발표는 읽기가 아니니까 종이에 쓰인 문장이 그냥 읽고 마쳐서는 안 돼요.

◎ **설명하는 글이란?**
- 설명문은 읽는 사람이 어떠한 사항에 대해 이해할 수 있도록 객관적이고 정확한 지식을 서술하는 것을 말한다.
- 주변에서 쉽게 찾아볼 수 있는 설명문으로는 사용 설명서, 과학적 원리를 설명하는 글 등이 있다.

◎ **설명하는 글의 조건**
- 설명의 내용이 객관적이어야 한다.
  🔍 정보 전달이 주목적이므로, 설명하는 정보가 틀리면 안 됩니다.
- 글을 읽는 사람이 쉽게 이해할 수 있도록 써야 한다.
  🔍 정보가 잘 전달될 수 있도록 표현의 수준, 글의 구성 등을 쉽게 써야 합니다.

◎ **설명하는 글의 구조**

도입	• 설명할 대상 또는 주제 제시 - 인용, 정의 등 • 글을 쓰는 이유 등
본문	• 설명할 내용 전달 - 예시, 비교·대조, 구분·분류, 자료 분석 등
마무리	• 본문 내용 요약 • 주제 강조

▶ 설명하는 글의 도입과 본문, 마무리에 어떤 내용이 들어가는지 알아봅시다.

	개념형	질문형	동기형
도입	…(이)란 …을/를 말한다 발표**란** 어떤 사실이나 결과를 세상에 널리 알리는 것을 **말한다**.	-(으)ㄴ/는가? 사람들은 왜 발표를 어려워하**는가**?	이 글을 쓰게 된 목적은 -는 데에 있다 **이 글을 쓰게 된 목적은** 발표 잘하는 방법을 살펴보**는 데에 있다**.

	나열형	순서형
본문	첫째…, 둘째…, 셋째… **첫째**, 발표 주제와 관련된 자료를 충분히 수집한다. **둘째**, 발표문을 미리 쓴다. **셋째**, 연습을 충분히 한다.	먼저…, 다음으로/또한…, 마지막으로… **먼저**, 재료를 깨끗하게 다듬는다. **다음으로**, 가지런하게 썬다. **마지막으로** 불에 가열한다.

	요약형	강조형
마무리	지금까지/이상으로 …을/를 살펴보았다 …에 대해 살펴보았다 **지금까지** 발표를 잘하기 위한 방법을 **살펴보았다**.	무엇보다도 중요한 것은 …(이)다 **무엇보다도 중요한 것은** 연습이다. 실전처럼 연습을 많이 하면 발표를 잘할 수 있을 것이다.

▶ 다음 설명하는 글을 읽고 물음에 답하세요.

㉮

　발표를 잘하기 위해 고려해야 하는 것은 다음과 같다. 첫째, 발표 주제와 관련된 충분한 자료 수집이다. 자료는 설문 조사나 인터뷰를 통해서 얻을 수도 있고 도서관이나 인터넷에서 검색하여 찾을 수도 있다. 정확하고 믿을 수 있는 자료를 구하고자 한다면 다양한 자료를 먼저 모은 후 반드시 자료의 내용이 맞는지 틀리는지 확인해야 한다.
　둘째, 준비된 발표문이다. 발표문 없이 자신의 실력만 믿고 발표한다면 성공할 확률은 매우 낮다. 발표 중에 갑작스러운 상황이 생기면 당황하거나 주제와 상관없는 내용을 말하는 경우가 있기 때문이다. 그러므로 발표를 잘하기 위해서는 발표문을 미리 잘 준비하는 것이 좋다.
　셋째, 충분한 연습이다. 발표문을 잘 썼다고 하더라도 연습하지 않으면 긴장하거나 자신감이 없어 준비한 내용을 제대로 전달하지 못한다. 또한, 발표는 단순한 읽기가 아니므로 발표문을 그대로 읽고 마치는 것도 좋은 발표는 아니다. 발표를 잘하는 사람은 발표할 때의 표현이나 태도, 청중의 모습들까지 상상하며 충분히 연습하고 발표 내용을 외울 때까지 반복하기도 한다.

㉯

1. 이 글의 내용을 정리해 보세요.

주제	
첫째	
둘째	
셋째	

2. ㉮에 어떤 내용이 들어가면 좋을까요?

_____

3. ㉯에 어떤 내용이 들어가면 좋을까요?

_____

 내용 마련과 틀 짜기

▶ 다음은 유학생이 쓴 설명하는 글입니다. 이 글을 읽고 이야기를 나눠 보세요.

　　식품 영양학은 인간 식생활에서 필요한 식품과 영양 문제를 다루는 자연 과학의 한 분야이다. 즉, 이 분야에서는 식품의 여러 가지 성질과 구성 성분의 역할을 규명하고 음식물이 우리 몸으로 들어간 다음에 이루어지는 작용과 그 영향을 살펴본다. 또한, 개인이나 가정 또는 집단의 식생활에 대한 연구도 중시한다. 그러면 구체적으로 식품영양학이라는 분야에서 중요하게 생각하는 것과 이 사회에 기여할 수 있는 것은 무엇일까? 이 글을 쓰는 목적은 식품영양학과를 자세히 살펴보는 데 있다.

　　식품 영양학자들이 크게 세 가지 영역의 지식을 연구하는 것을 통해 사람들의 건강을 지켜 준다. 첫째, 생리학, 생물학, 유기 화학을 비롯한 '기초 과학', 둘째, 영양학, 생화학, 식품 화학, 식품학 등을 포함하는 '식품 원리', 셋째, 임상 영양학, 식사 요법, 생애 주기 영양학, 단체 급식, 급식 경영학 같은 '식품 응용' 분야이다.

　　이상으로 식품 영양학의 연구 분야를 살펴보았다. 식품 영양학은 사람들의 건강을 지켜 주는 데 필요한 세 가지 지식의 영역을 연구하는 분야이다. 식품 영양학은 인체 건강을 위해서 연구할 뿐만 아니라 급식 산업화까지 연구하는 학문이다. 식품 영양학을 배움으로써 자신의 건강을 관리할 수도 있고 더 많은 사람의 건강을 지킬 수도 있을 것이다.

〈학생 글 8-1〉 짱○○○

1. 이 글의 내용을 정리해 보세요.

식품 영양학의 정의	
식품 영양학의 하위 분야	
식품 영양학의 유용성	

2. 이 글에서 잘된 점과 고칠 점을 찾아보세요.

잘된 점	고칠 점

▶ 다음은 유학생이 쓴 설명하는 글입니다. 이 글을 읽고 <학생 글 8-1>과 비교해 보세요.

흔히 사람들은 정치에 대해 단순히 나라를 다스리는 일이라고 생각한다. 그러나 그것은 사실이 아니다. 정치외교학과는 공공 영역에서 일하는 인재들은 기르는 곳이다. 나는 중고등학생 시절 때부터 정치에 대한 문제 많은 관심을 갖게 되었으므로 정치외교학과를 선택하였다.

첫 번째 정치외교학과가 어디에 속하는지 살펴보겠다. 정치외교학과가 정치행정대학에 속한다. 정치행정대학은 정치외교학과, 행정학과, 군사학과, 새마을국제개발학과로 구성되어 있다. 두 번째 정치외교학과의 교과목은 전공 핵심, 전공 선택, 교양 필수로 나뉜다. 학년에 따라 수강하는 교과목이 다르다. 2학년 1학기를 예를 들어 살펴보면 다음과 같다. 우선, 전공 핵심으로는 국제 관계사, 비교 정치 등을 들 수 있다. 그다음으로 교양 필수에는 진로 설계가 있다. 마지막으로 전공 선택에는 여성과 정치, 시사 정치 영어가 있다. 세 번째 정치외교학과를 졸업한 후에 진로는 굉장히 다양하다. 정치에 참여할 수도 있고 공무원, 언론 기업 및 시민 사회 분야로 진출할 수 있다. 진출 분야에 따라 정치가, 국제 관계 전문가 등이 될 수도 있다.

정치외교학은 국내외 정치 현상이나 국제 문제를 다룬다. 다른 학문에 비해 범위가 상당히 넓은 편이다. 공부하는 과정에서 무엇보다 중요한 것은 학생들이 비판적으로 생각하고 창의적인 해결책을 제시하는 능력을 키울 수 있다는 것이다. 정치외교학과는 이러한 능력을 키우는 데에 큰 도움을 줄뿐만 아니라 반드시 필수적인 학과이다.

<학생 글 8-2> 티〇〇〇

1. 이 글의 내용을 정리해 보세요.

정치외교학과 소개	
교과목	
졸업 후 진로	

2. <학생 글 8-1>과 <학생 글 8-2>의 전개 방법을 비교해 보세요.

학생 글 8-1	학생 글 8-2

▶ 여러분의 학과를 소개하는 글을 쓰려고 합니다. 다음의 내용을 써 보세요.

1. 여러분의 학과에 대한 정보를 학교 홈페이지에서 찾아서 정리해 보세요.

	_____학과
교과목	
졸업 후 진로	
학과 특성	

2. 어떤 유형으로 글을 쓰면 좋을까요? ✔로 표시해 보세요.

도입	☐ 개념형	☐ 질문형	☐ 동기형
	…은/는(이란) …을/를 말한다.	…은/는(까닭은) 무엇일까?	이 글을 쓰게 된 이유는 … 때문이다.
본문	☐ 나열형		☐ 순서 제시형
	첫 번째… 두 번째… 세 번째…		먼저… 다음으로… 마지막으로…
마무리	☐ 요약형		☐ 강조형
	지금까지/이상으로 …을/를 살펴보았다.		무엇보다 중요한 것은 …

3. 다음 중 어떤 전개 방법을 쓰면 좋을까요? ✔로 표시해 보세요.

☐ 비교·대조　　☐ 예시　　☐ 구분·분류　　☐ 기타: _____

세 걸음 개요 작성과 구두 작문

1. 여러분의 학과를 소개하는 글을 쓰려고 합니다. 어떤 내용으로 쓸 것인지 ✔로 표시하고 이야기해 보세요.

도입	☐ 이 글을 쓰는 목적은 무엇입니까? ☐ 사람들은 대상에 대해 보통 어떻게 생각합니까?
본문	☐ 대상은 어떤 특징을 가지고 있습니까? ☐ 대상에 포함되는 것이 있습니까? 대상을 나눈다면 어떻게 구분·분류할 수 있습니까? ☐ 비슷한 대상이 있습니까? 　그 대상과 어떤 점이 비슷하고 다릅니까?
마무리	☐ 본문 내용 중 가장 핵심적인 내용은 무엇입니까? ☐ 이 글은 무엇에 도움이 된다고 생각합니까?

2. 앞에서 이야기한 내용을 바탕으로 개요표를 작성하고 발표해 보세요.

도입	• 대상 소개	예시 정치외교학과: 공공 기관에서 일할 인재를 기르는 곳
	• 목적	
본문	• 교과목	
	• 졸업 후 진로	
	• 학과 특성	
마무리	• 요약	
	• 강조	

3. 다른 사람의 발표를 메모하여 자신의 글과 비교해 보세요.

이름	주요 내용	특징(구성과 표현)
예시 **리쿤**	• 전자공학과는 학생 수가 많음 • 실험을 많이 함 • 취업이 잘 됨	• 전자공학과의 특징을 세 가지로 말함 • 글을 시작할 때 전자공학과에 대한 질문을 활용함

 **글 완성하기**

1. 앞에서 쓴 개요를 바탕으로 여러분의 학과에 대해 설명하는 글을 써 보세요.

제목:

2. 친구와 바꿔 읽으면서 다음 내용을 확인해 보세요.

확인할 내용		평가
내용	이 글의 **제목**은 글의 내용과 잘 어울리는가?	☆☆☆☆☆
	이 글의 **주제**가 잘 드러나는가?	☆☆☆☆☆
	이 글의 **내용**이 사실을 기본으로 하고 있는가?	☆☆☆☆☆
	이 글에 **필요 없는 내용**을 잘 정리했는가?	☆☆☆☆☆
	이 글의 내용에 **새로운 정보**가 있는가?	☆☆☆☆☆
	글의 끝부분에 **전체적인 평가**나 느낌이 있는가?	☆☆☆☆☆
형식	이 글은 **단락**이 잘 나누어져 있는가?	☆☆☆☆☆
	각 **단락의 구성**이 적절한가?	☆☆☆☆☆
	각 **단락의 연결**이 자연스러운가?	☆☆☆☆☆
표현	앞에서 배운 **설명하는 글의 표현**을 잘 사용했는가?	☆☆☆☆☆
	단어나 **문법** 사용이 적절한가?	☆☆☆☆☆
<조언하기>	예시 처음-중간-끝 세 단락으로 잘 나눔. 그러나 대상에 대한 설명이 자세하지 못함	

> Tip 자신이 쓴 글에 대해 혼자서 고민하는 것보다 친구들과 함께 보고 조언을 구하는 것이 더 좋은 방법입니다.

3. 자신의 글을 읽고 잘된 점과 고칠 점을 생각해 보세요.

잘된 점	고칠 점

4. 앞에서 확인한 내용을 바탕으로 다시 고쳐 써 보세요.

제목:

설명하는 글을 쓸 때 필요한 표현

정의	…(이)란 …(이)다	
	…은/는 …을/를 말하다, 뜻하다	
비교와 대조	• …에 비해, …보다	• 그러나, -(으)나
	• …와/과 마찬가지로, …와/과 같이	• 반면에, -(으)ㄴ/는 반면에
	• 이와 마찬가지로, 이와 같이, 이처럼	• 이와 달리, -(으)ㄴ/는 것과 달리
	• …을/를 …와/과 비교하면	• 이에 반해, -(으)ㄴ/는 데에 반해
	• -다는 점에서 유사하다, 같다, 공통되다	• -다는 점에서 다르다, 차이가 있다
구분과 분류	• …은/는 (…에 따라) …(으)로 나눌 수 있다, 나뉘다, 구분되다	
	• …은/는 …(으)로 분류되다	
	• …이/가 …에 속하다	
	• …을/를 …(으)로 나누면 다음과 같다. 첫째, 둘째 …	
예시	• 예를 들어, 예를 들면, 이를테면, 예컨대, 가령	
	• 그 예로 …을/를 들 수 있다	• …이/가 그 예이다
	• …에는 …등이 있다	• 그 예를 살펴보면 다음과 같다, 이에 대한 예는 다음과 같다
특징	• …의 특징은 -다는 것이다 • …의 장점/단점은 -다는 것이다	
상술	• 다시 말하면, 쉽게 말하면, 자세히 말하면, 즉	

9 주장하는 글쓰기

한걸음. 주장하는 글을 쓰려면

두걸음. 내용 마련과 틀 짜기

세걸음. 개요 작성과 구두 작문

네걸음. 글 완성하기

> 주장하는 글을 쓰면서 자신의 의견을 다른 사람에게 정확하고 타당하게 드러내는 것이 어렵다는 것을 알게 되었어요. 나의 주장과 의견으로 어떻게 다른 사람을 잘 설득할 수 있는지, 어떤 근거가 좋은 근거인지 배울 수 있었어요.
>
> 〈웬OOO〉

▶ **자신의 주장을 어떻게 하면 잘 전달할 수 있을지 생각해 봅시다.**

- 도서관 열람실의 자리 독점을 막을 수 있는 해결 방안을 말해 보세요.
- 조별 과제에서 조장에게 가산점을 주는 것에 대해 자신의 의견을 말해 보세요.

한 걸음 주장하는 글을 쓰려면

▶ **다음 글을 읽고 문제점을 이야기해 보세요.**

1. 옛날에 크레타 섬 출신인 예언자 '에피메니데스'는 "크레타 섬 사람들이 하는 말은 모두 거짓입니다."라고 말했다. 과연 '에피메니데스'는 진실을 말했을까? 아니면 거짓을 말했을까?

2. 외국어는 어렸을 때부터 배우는 것이 좋다. 먼저, 어린이들은 언어 습득 능력이 뛰어나기 때문에 여러 언어를 동시에 배울 수 있는 잠재력을 갖고 있다. 나도 어렸을 때 영어와 스페인어를 배웠는데 처음에는 힘들었지만 지금은 유창하게 잘하게 되었다. 아마 성인이 되어서 배웠다면 지금처럼 잘하지는 못했을 것이다. 내 주위의 사람들도 다 이렇게 생각한다.

◎ 주장하는 글이란?

- 주장하는 글은 어떤 문제를 제기하거나 해결하기 위해 자신의 주장이나 의견을 논리적으로 전개하여 다른 사람을 설득하려는 목적으로 쓴 글을 말한다.
- 주장하는 글에는 학술 논문, 신문이나 잡지에 실려 있는 사설, 평론 등이 있다.

◎ 주장하는 글의 조건

- 주장이 가치가 있고 실현 가능성이 있어야 합니다.
  🔍 아무에게도 도움이 되지 않거나 터무니없는 주장은 적절하지 않습니다.
- 주장의 근거가 적절해야 합니다.
  🔍 주장에는 반드시 근거가 있어야 하고 주장에 합당하고 객관적이어야 합니다.

◎ 주장하는 글의 구조

도입	• 문제 제기 • 글의 목적 등
본문	• 문제의 원인과 해결 방안 • 반대 입장(주장)과 그 문제점
마무리	• 본문 내용(주장) 요약 • 전망과 과제

▶ 주장하는 글의 도입과 마무리에 어떤 내용이 들어가야 하는지 알아봅시다.

	문제 제기형	대립 주장형	논의 필요성 제시형
도입	• 최근 -고 있다 　-는 사람들이 많다 • -(으)ㄴ/는가? 　-아/어야 하는가? **최근** 세계 곳곳에서 지구 온난화로 인한 피해가 증가하**고 있다**. 지구 온난화를 막기 위해 우리는 무엇을 해야 하**는가**?	(반대 주장) -다는 주장이 있다. 그러나 … 편리한 삶을 위해 자연을 개발하고 산업을 발전시켜야 한**다는 주장이 있다**. 그러나 무분별한 개발로 인해 환경과 인간은 위협을 받고 있다.	…에 대해 논의할/살펴볼 필요가 있다. …에 대해 논의해 봐야/살펴봐야 할 것이다. 스마트폰으로 인한 문제점과 스마트폰으로 인해 발생하는 문제에 대한 해결 방안**에 대해 살펴볼 필요가 있다.**

	문제 해결형	절충형
본문	…의 문제는 -다는 것이다 …의 원인은 -다는 데 있다 …의 원인(해결 방안)으로 …을/를 들 수 있다 …의 해결 방안으로 (첫째) -아/어야 할 것이다 지구 온난화**의 문제는** 자연 환경을 파괴하며 인간의 건강에 악영향을 준**다는 것이다**. (중략) 지구 온난화**의 원인으로** 이산화탄소 배출**을 들 수 있다**. (중략) 지구 온난화**의 해결 방안으로** 첫째, 이산화탄소 배출을 줄**여야 할 것이다**.	…의 장점은 -다는 것이다 …의 단점은 -다는 것이다 …을/를 절충하면 … 스마트폰**의 장점은** 실시간으로 메시지, 전화 등을 주고받을 수 있어 다른 사람들과 소통하기가 편리하**다는 것이다**. (중략) 반면 스마트폰**의 단점은** 눈의 피로, 수면 부족 등 신체에 나쁜 영향을 준**다는 것이다**. (중략) 스마트폰**의 장점과 단점을 절충하면** 스마트폰을 올바르게 사용할 수 있을 것이다.

	요약형	실천 촉구형
마무리	지금까지 [이상으로] …에 대해 살펴보았다 **지금까지** 지구 온난화의 원인과 해결 방안**에 대해 살펴보았다**. 지구 온난화를 막기 위해서는 전 세계가 관심을 가지고 노력할 필요가 있다.	따라서[그러므로] -아/어야 할 것이다 　　　　　　　-을 필요가 있다 지구 온난화로 인해 자연 환경이 파괴되고 사람들의 삶은 위협을 받고 있다. **따라서** 지구 온난화를 막기 위해서 전 세계가 적극적으로 나서 노력**해야 할 것이다.**

▶ 다음 주장하는 글을 읽고 물음에 답하세요.

> ㉮

스마트폰의 보급은 우리 생활에 어떤 영향을 줄까? 먼저, 인간관계에 문제가 생길 수 있다. 영국의 한 연구팀에서 설문 조사를 실시한 결과, 60%의 응답자가 의사소통에 부정적인 영향을 초래한 적이 있다고 하였다. 스마트폰을 사용하면서 사람들은 실제 대화 대신 문자 메시지나 SNS를 통해 소통하게 되어 직접적인 만남이 줄어든 것이다.

다음으로 스마트폰 사용은 건강 문제를 일으킬 수 있다. 의학 신문에 따르면 스마트폰 화면의 블루 라이트는 수면 호르몬의 분비를 억제하며 수면의 질을 저하시킨다고 한다. 또한, 장시간의 스마트폰 사용은 눈의 피로, 두통, 목과 어깨의 통증 등을 유발할 수 있다.

마지막으로 스마트폰은 디지털 중독의 위험을 증가시킨다. 실제로 앱, 게임, SNS 등으로 인해 많은 사람들이 스마트폰에 지나치게 의존하고 있다. 이러한 의존은 일상생활뿐만 아니라 학습에 부정적인 영향을 미칠 수 있으며 일부 사람들의 경우 스마트폰 없이 일상생활을 할 수 없는 상태에 이를 수 있다.

> ㉯

1. 이 글의 내용을 정리해 보세요.

주장	
근거	• • •

2. ㉮에 어떤 내용이 들어가면 좋을까요?

3. ㉯에 어떤 내용이 들어가면 좋을까요?

두걸음 내용 마련과 틀 짜기

▶ 다음은 유학생이 쓴 주장하는 글입니다. 이 글을 읽고 이야기를 나눠 보세요.

　현대 사회는 로봇에 주목하고 있다. 로봇의 실용화는 우리 생활을 더 편리하게 해 주어서 인간의 '유능한 친구'라는 주장이 있다. 그러나 여기에는 문제점이 있다. 사람보다 더 똑똑한 인공지능 로봇의 출현으로 인해 인간의 지위가 위협받을 수 있다. 따라서 우리는 로봇으로 인한 악영향과 그에 대처할 수 있는 해결 방안에 대해 살펴볼 필요가 있다.

　인공지능 로봇에 대한 연구들은 1950년부터 시작되었다. 지금까지 인공지능 로봇은 다양한 분야에 도움이 되었다. 그러나 문제점은 로봇이 아주 대단하고 똑똑하여 사람의 일자리를 빼앗는다는 것이다. 사람들이 일을 처리하는 속도보다 로봇의 속도가 훨씬 더 빨라서 업무 효율을 증대시키므로 그러하다. 한 방송 프로그램에 따르면 로봇으로 인해 사람이 일자리를 잃을 확률이 54.8%라고 한다. 다시 말해, 인간의 10개 일자리 중 5개를 로봇이 가져간다.

　그렇다면 이 문제를 어떻게 해결하면 좋을까? 사실 로봇은 사람이 만들어낸 기계일 뿐이다. 인공지능 로봇은 사람과 달리 마음이 없고 감정이 없다. 그러므로 사람이 잘할 수 있는 분야와 로봇이 잘할 수 있는 분야를 나누어 업무를 진행하며, 이러한 상황에서 로봇과 함께 공존하기 위해 노력하는 것이 가장 좋은 해결 방안이다. 인공지능의 특성과 양면성을 잘 파악하여 효과적으로 활용하면 오히려 인류가 큰 혜택을 얻을 수도 있다.

　지금까지 인공지능 로봇의 악영향과 해결 방안에 대해 살펴보았다. 현대 사회에는 인공지능 로봇이 끊임없이 지속적으로 발전하는 것이 필연적인 일이라고 볼 수 있다. 로봇과 함께 잘 공존하기 위해서는 우선 로봇의 악영향을 잘 분석하고 파악하는 것이 중요하다. 따라서 로봇의 양면성을 잘 파악하여 인간이 잘할 수 있는 강점과 로봇이 잘할 수 있는 강점을 고려하여 로봇을 좋은 목적으로 잘 활용해야 할 것이다.

〈학생 글 9-1〉 당○○○

1. 이 글의 내용을 정리해 보세요.

주장	
문제점	
해결 방안	

2. ㉮에 들어갈 이 글의 제목을 써 보세요.

_____

3. 이 글에서 잘된 점과 고칠 점을 찾아 써 보세요.

잘된 점	고칠 점

▶ 다음은 유학생이 쓴 주장하는 글입니다. 이 글을 읽고 <학생 글 9-1>과 비교해 보세요.

고정 관념이란 우리가 정확하지 않는 것을 정확한 것처럼 생각하는 과정을 말한다. 즉, 누구나 사실인지 확인도 안 해 보고 일반화해서 생각하는 것이다. 많은 외국인들 사이에서 한국 사람들, 특히 남자들이 과도하게 화장한다는 주장이 있다. 그러나 사실은 다르다. 이 글의 목적은 이러한 고정 관념의 원인과 해결 방법을 살펴보는 데 있다.

우리 나라뿐만 아니라 전 세계적으로 한국 남자들의 화장이 심하다고 생각하는 것이 문제이다. 사람들이 이렇게 생각하는 이유에는 여러 가지가 있지만 그 중에서 가장 큰 이유는 K-POP 아이돌과 배우들 때문이다. 사람들이 가장 먼저 본 한국 남자는 유명한 사람들이라서 그렇게 생각한다. 그러나 실제로는 그렇지 않다. 나도 한국에 직접 와서 알게 되었다. 한국 남성은 여성처럼 일상생활에서 과도한 화장을 하지 않는다. 오히려 여자들도 자연스럽게 화장을 한다.

우리가 이러한 고정 관념을 깨기 위해 ㉮ .

지금까지 한국 남자들에 대한 고정 관념과 그 원인, 그리고 해결 방법을 살펴보았다. 시대가 변화할수록 이러한 고정 관념들이 바뀔 것이며 실제로 경험하기 전까지 모두 다 사실이 아니다. 고정 관념을 없애기 위해서는 많은 것을 체험해야 할 것이다.

<학생 글 9-2> 상OOO

1. 이 글의 내용을 정리해 보세요.

주장	
한국 남자에 대한 고정 관념과 그 원인	

2. ㉮에 들어갈 내용을 써 보세요.

_____

_____

3. <학생 글 9-1>과 <학생 글 9-2>의 표현 방법을 비교해 보세요.

학생 글 9-1	학생 글 9-2

▶ 여러분은 어떤 '고정 관념'을 가지고 있습니까?

Tip 「The Lunch Date」 영상을 본 후, '고정 관념'에 대해 이야기를 해 보세요.

▶ '고정 관념'으로 인해 어떤 문제가 생길까요? 자신의 의견을 정리해서 써 보세요.

-
-

▶ 어떤 유형으로 글을 쓰면 좋을까요? ✔로 표시해 보세요.

	☐ 문제 제기형	☐ 대립 주장형	☐ 논의 필요성 제시형
도입	• 최근 -고 있다 　　 -는 사람들이 많다 • -(으)ㄴ/는가? • -아/어야 하는가?	[반대 주장] -다는 주장이 있다. 그러나 …	…에 대해 논의할/살펴볼 필요가 있다. …에 대해 논의해 봐야/살펴봐야 할 것이다.
	☐ 문제 해결형	☐ 절충형	
본문	…의 문제는 -다는 것이다 …의 원인은 -다는 데 있다 …의 원인(해결 방안)으로 …을/를 들 수 있다 …의 해결 방안으로 (첫째) -아/어야 할 것이다	…의 장점은 -다는 것이다 …의 단점은 -다는 것이다 …을/를 절충하면 …	
	☐ 요약형	☐ 실천 촉구형	
마무리	지금까지 (이상으로) …에 대해 살펴보았다	따라서[그러므로] -아/어야 할 것이다 　　　　-을 필요가 있다	

▶ 다음 중 어떤 전개 방법을 쓰면 좋을까요? ✔로 표시해 보세요.

☐ 비교·대조　　☐ 예시　　☐ 구분·분류　　☐ 기타: _____

세 걸음 개요 작성과 구두 작문

1. '고정 관념'에 대해 주장하는 글을 쓰려고 합니다. 어떤 내용으로 쓸 것인지 ✔로 표시 하고 이야기해 보세요.

도입	☐ 그 문제와 관련해 어떤 문제가 있습니까? ☐ 이 논의가 왜 필요합니까?
본문	☐ 문제의 원인은 무엇입니까? ☐ 그 문제의 해결 방안에는 무엇이 있습니까?
마무리	☐ 본문 내용 중 가장 핵심적인 내용은 무엇입니까? ☐ 문제 해결을 위해 무엇을 꼭 실천해야 합니까?

2. 앞에서 이야기한 내용을 바탕으로 개요표를 작성하고 발표해 보세요.

도입	• 현황 및 문제 제기	
	• 목적/논의 필요성	
본문	• 문제의 원인	
	• 해결 방안	
마무리	• 요약 및 강조	
	• 실천 촉구	

3. 다른 사람의 발표를 메모하여 자신의 글과 비교해 보세요.

이름	주요 내용	특징(구성과 표현)
예시 양양	• 고정 관념의 원인 • 고정 관념의 해결 방법	• 최근 일어난 뉴스를 활용해 문제를 제기함 • 해결 방안을 세 가지로 제시함

 글 완성하기

1. 앞에서 쓴 개요를 바탕으로 고정 관념에 대해 주장하는 글을 써 보세요.

제목:

2. 친구와 바꿔 읽으면서 다음 내용을 확인해 보세요.

	확인할 내용	평가
내용	이 글의 **제목**은 글의 내용과 잘 어울리는가?	☆☆☆☆☆
	이 글의 **주장**이 잘 드러나는가?	☆☆☆☆☆
	이 글의 주장의 **근거**가 충분한가?	☆☆☆☆☆
	이 글에 **필요 없는 내용**을 잘 정리했는가?	☆☆☆☆☆
	이 글의 주장이 **가치가 있는 주장**인가?	☆☆☆☆☆
	글의 끝 부분에 **전체적인 평가나 의견**이 있는가?	☆☆☆☆☆
형식	이 글은 **단락**이 잘 나누어져 있는가?	☆☆☆☆☆
	각 **단락의 구성**이 적절한가?	☆☆☆☆☆
	각 **단락의 연결**이 자연스러운가?	☆☆☆☆☆
표현	앞에서 배운 **주장하는 글의 표현**을 잘 사용했는가?	☆☆☆☆☆
	단어나 **문법** 사용이 적절한가?	☆☆☆☆☆
<조언하기>	예시 주장이 잘 드러남. 그러나 주장을 뒷받침하는 객관적인 근거가 없음	

Tip 자신이 쓴 글에 대해 혼자서 고민하는 것보다 친구들과 함께 보고 조언을 구하는 것이 더 좋은 방법입니다.

3. 자신의 글을 읽고 잘된 점과 고칠 점을 생각해 보세요.

잘된 점	고칠 점

4. 앞에서 확인한 내용을 바탕으로 다시 고쳐 써 보세요.

제목:

주장하는 글을 쓸 때 필요한 표현

완곡하게 주장하기	-아/어야 할 것이다
	-(으)ㄹ 필요가 있다
	…이/가 요구되다
	-는 것이 중요하다, 좋다
	-(으)로 보이다
	-(으)로 볼 수 있다
이유 표현하기	(왜냐하면) -기 때문이다
	…이/가 …의 이유이다
	-(으)므로
	-(으)로 인해
목적 표현하기	이 글의 목적은 -는 데에 있다
	이 글을 통해 -고자 하다

memo.

10 감상문 쓰기

한걸음. 감상문을 쓰려면

두걸음. 내용 마련과 틀 짜기

세걸음. 개요 작성과 구두 작문

네걸음. 글 완성하기

> 감상문을 쓰면서 제 생활을 되돌아보고 정리할 수 있었어요. 그러면 시간이 지나고 나서 '내가 그때 뭘 했지?'라고 생각하면서 고민할 시간은 필요 없을 거라고 생각해요. 경험을 통해 성장하고 깨달은 바를 정리해 놓음으로써 단지 경험을 끝내지 않고 하나의 계기를 만들게 되었어요.
>
> 〈멜OOO〉

▶ **가장 기억에 남는 여행에 대해 이야기해 보세요.**

- 언제, 어디에, 누구와 함께 갔습니까?
- 왜 그곳에 갔습니까?
- 인상 깊었던 일은 무엇입니까?
- 여행에서 무엇을 느꼈습니까?

한 걸음 ▶ 감상문을 쓰려면

▶ **다음 글을 읽고 문제점을 이야기해 보세요.**

> 경복궁에 도착했을 때 그 아름다움에 진짜 놀랐다. 크고 웅장한 궁궐의 입구에서부터 시작해 정원과 아름다운 건물들은 한국의 역사하고 문화를 느낄 수 있도록 해 주었다. 궁궐 안으로 들어서자 고요함과 장엄함이 느껴지더군요. 여행 안내서에서 본 한국의 고대 왕조의 위대함을 직접 체험할 수 있어서 인상적이었다.

◎ **감상문이란?**

- 감상문은 책, 음악 감상, 공연 관람, 여행 등 어떤 사물이나 상황을 경험하고 나서 느낀 생각을 쓴 글을 말한다.
- 감상문에는 책을 읽고 쓰는 독후감, 여행의 느낌을 쓰는 기행문, 영화, 음악회나 전시회 등을 관람하고 쓰는 감상문 등이 있다.

◎ **감상문의 조건**

- 감상하게 된 동기(목적), 감상 내용과 줄거리, 감상 후의 느낌(생각), 감상 대상에 대한 평가 등을 써야 한다.
  🔍 감상 내용과 줄거리만 나열하면 안 됩니다. 감상 후의 느낌과 생각이 잘 드러나야 합니다.

◎ **감상하는 글의 구조**

도입	• 감상의 동기, 목적 • 감상 대상에 대한 소개
본문	• 감상한 내용 또는 줄거리 • 감상 내용에 대한 해석과 느낌
마무리	• 감상 후 종합적인 느낌과 생각 • 감상한 것에 대한 평가

▶ 감상문의 도입과 본문, 마무리에 어떤 내용이 들어가는지 알아봅시다.

	질문형	동기형
도입	-(으)ㄴ 적이 있는가? 영화를 보고 울**어 본 적이 있는가?**	-게 된 계기(이유)는 -기 때문이다 -아/어서 - 게 되다 이 영화를 보**게 된 이유는** 친구가 추천을 해 주었**기 때문이다.**
	주제형	비평형
본문	…의 줄거리는 다음과 같다 -다는 것이 주요 내용이다 …에서 느낀 점/깨달은 점은 – 다는 것이다 …에서 가장 인상적이었던 장면/대사/순간은 …(이)다 • 이 영화**의 줄거리는 다음과 같다.** • 이 영화에서 느낀 점은 동물도 사람 못지않게 의리가 있**다는 것이다.** • 이 영화**에서 가장 인상적이었던 장면은** 10년이 지나도 돌아오지 않는 주인을 기다리는 강아지의 모습**이다.**	…의 주제는 …(이)다 그런데 – 다는 점에서 아쉽다, 문제가 있다 • 이 영화**의 주제는** 사람과 동물 사이의 우정**이다. 그런데** 그것을 보여 주는 과정에서 눈물을 필요 이상으로 흘리게 만들고 있다. 꼭 슬픔만이 사람에게 감동을 주는 것은 **아니라는 점에서 아쉽다.**
	소감형	결심형
마무리	-고 나서 -다는 생각이 들었다 …을/를 통해서 …을/를 배웠다 • 이 영화를 보**고 나서** 모든 생명을 존중해야 겠**다는 생각이 들었다.** • 이 영화**를 통해서** 생명 존중의 당위성을 **배웠다.**	앞으로 -(으)ㄹ 것이다 …에게 이 …을/를 추천하고 싶다 • **앞으로** 다른 사람이나 세상의 모든 생명을 나만큼 존중**할 것이다.** • 각박한 세상에서 마음 따뜻한 위로를 받고 싶어하는 사람들**에게** 이 영화**를 추천하고 싶다.**

▶ 다음 감상문을 읽고 물음에 답하세요.

㉮

　경주역에서 내린 후에 우리는 바로 버스 정류장으로 갔다. 그곳에서 200번 버스를 타고 불국사로 출발하였다. 구불구불한 길을 가는 버스가 설레는 내 마음을 그대로 보여 주는 것 같았다. 불국사에 가는 동안 내 눈에 들어온 풍경은 아늑하고 편안한 느낌이 들었다. 불국사에 도착하기까지 삼십분도 더 걸렸지만, 언니와 이야기를 하며 경치를 감상하느라 지루하지 않았다.
　오랜 구경과 수다 끝에 드디어 불국사에 도착했다. 주변을 둘러보고 나서 표를 끊어 입장하였다. 휴일이라서 그런지 여행을 온 사람들이 정말 많았다. 절의 입구부터 아름다운 경치와 오래된 건물이 있어 한국이 오래 전에 불교 국가였다는 것을 확실하게 느낄 수 있었다. 작은 연못, 좁은 산책로가 내 마음을 흔들었다.
　여러 책과 영상에서 본 오래된 건축물을 직접 눈으로 보니 마치 내가 신라 시대로 여행을 온 것 같은 느낌이 들었다. 한국의 국보라는 청운교와 백운교를 직접 디뎌 경내로 들어가니 다보탑이 눈에 들어왔다. 한국어를 처음 배울 때 선생님이 보여 준 10원짜리에 들어 있던 모습 그대로였지만 직접 보니 더 으리으리하게 느껴졌다.

㉯

〈학생 글 10-1〉 황○○○

1. 이 글의 내용을 정리해 보세요.

불국사로 가는 길	
불국사의 첫인상	
불국사에서 본 것	

2. ㉮에 어떤 내용이 들어가면 좋을까요?

3. ㉯에 어떤 내용이 들어가면 좋을까요?

두걸음 내용 마련과 틀 짜기

▶ 다음은 유학생이 쓴 감상문입니다. 이 글을 읽고 이야기를 나눠 보세요.

지난 여름밤 오랜만에 여유 시간이 생겨서 〈하치이야기〉라는 영화를 봤다. 그 영화는 나에게 감동과 교훈을 많이 주었다. 사실 오래 전부터 그 영화가 아주 볼 만한 영화라는 이야기를 많이 들어왔다. 하지만 바빠서 미루고 또 미루다가 보게 된 것이다.

〈하치이야기〉는 일본에서 실제 있었던 일로 만든 영화인데 내가 본 것은 헐리우드 리메이크 판이었다. 대학 교수인 파커는 어느 겨울 퇴근길에 기차역에서 길을 잃은 강아지를 발견하고 가족이 되어 주기로 결심하며 그 강아지의 이름을 하치라고 지어 주었다. 그 후에 하치는 매일 역으로 시간에 맞춰 마중을 하는 것으로 유명해졌다. 그러던 어느 날 파커 교수가 심장 마비로 세상을 떠난 것을 모르는 하치는 그곳에서 10년 동안 그 사람을 기다렸다. 동물과 사람 사이의 사랑을 보면서 눈물을 무척이나 흘렸다.

그 영화를 본 후에 요즘은 사람보다 동물이 더 사랑을 중시하는 것 같다는 생각이 들었다. 요즘 생활 수준이 높아지면서 많은 사람이 애완동물을 키우게 되었지만 버려지는 동물도 많아졌다. 사람의 생명이 소중한 만큼 동물의 생명도 소중하다. 따라서 애완동물을 키우게 되면 무한한 책임감과 사랑을 기울여야 한다. 한 강아지는 어떤 사람에게 그냥 강아지일 뿐이지만 그 강아지에게 그 사람은 유일한 가족이자 전부라는 것을 알아야 한다.

〈학생 글 10-2〉 후○○○

1. 이 글의 내용을 정리해 보세요.

영화를 보게 된 계기	
영화 주제	
영화를 보고 느낀 점	

2. 이 글에서 잘된 점은 무엇입니까?

▶ 다음은 유학생이 쓴 감상문입니다. 이 글을 읽고 <학생 글 10-2>와 비교해 보세요.

㉮

　영화 <행복을 찾아서>의 줄거리는 다음과 같다. 이 영화는 경제적으로 어려운 상황에서 힘들게 살아가는 한 아버지와 아들의 이야기를 다루고 있다. 영화 주인공 '크리스 가드너'는 아들과 노숙 생활을 하는 어려운 상황에서도 희망을 잃지 않고 최선을 다해 노력한다. 그의 끊임없는 노력과 열정은 나에게 큰 감동을 주었다. 영화에서 가장 인상 깊었던 장면은 '크리스 가드너'가 취업하기 위해 노력하는 장면이다. 그는 경쟁이 치열한 금융 분야에서 일을 하고 싶어 했다. 어려운 상황에서도 포기하지 않고 노력한 덕분에 인턴으로 일할 수 있게 되었고 자신의 재능과 능력을 발휘하여 결국 정직원이 될 수 있었다. 이 영화를 보고 나서 깨달은 점은 꿈을 향해 달려가는 열정과 포기하지 않는 의지가 중요하다는 것이다.
　사실 이 영화는 실화를 바탕으로 만들어졌다. 게다가 영화배우 '윌 스미스'의 탁월한 연기력으로 감동이 두 배가 되었다. 나는 이 영화를 통해 힘들고 어려운 상황에서도 포기하지 않고 행복을 찾아갈 수 있는 용기와 열정을 배웠다.

<학생 글 10-3> 안○○○

1. 이 글의 내용을 정리해 보세요.

영화의 특징	
영화 주제	
인상 깊었던 장면	

2. ㉮에 어떤 내용이 들어가면 좋을까요?

3. <학생 글 10-2>와 <학생 글 10-3>의 표현 방법을 비교해 보세요.

학생 글 10-2	학생 글 10-3

▶ 인상 깊게 본 책, 영화 등이 있습니까? ✔로 표시해 보세요.

☐ 책   ☐ 영화   ☐ 공연   ☐ 기타

제목	
인상 깊었던 점	

▶ 감상문을 쓰려고 합니다. 어떤 유형으로 글을 쓰면 좋을까요? ✔로 표시해 보세요.

	☐ 질문형	☐ 동기형
도입	-(으)ㄴ 적이 있는가?	-게 된 계기(이유)는 -기 때문이다 -아/어서 -게 되다
	☐ 주제형	☐ 비평형
본문	…의 줄거리는 다음과 같다 -다는 것이 주요 내용이다 …에서 느낀 점/깨달은 점은 -다는 것이다 …에서 가장 인상적이었던 장면/대사/순간은 …(이)다	…의 주제는 …(이)다 그런데 -다는 점에서 아쉽다, 문제가 있다
	☐ 소감형	☐ 결심형
마무리	-고 나서 -다는 생각이 들었다 …을/를 통해서 …을/를 배웠다	앞으로 -(으)ㄹ 것이다 …에게 이 …을/를 추천하고 싶다

▶ 다음 중 어떤 전개 방법을 쓰면 좋을까요? ✔로 표시해 보세요.

☐ 정의   ☐ 인용   ☐ 예시   ☐ 묘사

세 걸음 개요 작성과 구두 작문

1. 감상문을 쓰려고 합니다. 어떤 내용으로 쓸 것인지 ✔로 표시하고 이야기해 보세요.

도입	☐ 감상하게 된 계기는 무엇입니까? ☐ 언제, 어떻게, 누구에 의해 만들어졌습니까? ☐ 사람들에게 어떻게 알려졌습니까?
본문	☐ 줄거리(주요 내용)는 무엇입니까? ☐ 가장 기억에 남는 장면, 대사, 순간이 있습니까?
마무리	☐ 감상을 통해 알게 된 점, 깨달은 점, 느낀 점은 무엇입니까? ☐ 감상 후 결심이나 계획한 것이 있습니까? ☐ 그것을 어떤 사람에게 추천하고 싶습니까?

2. 앞에서 이야기한 내용을 바탕으로 개요표를 작성하고 발표해 보세요.

도입	• 동기	
	• 목적	
본문	• 줄거리	
	• 인상 깊었던 점	
마무리	• 소감	
	• 계획 · 결심 • 추천하고 싶은 사람	

3. 다른 사람의 발표를 메모하여 자신의 글과 비교해 보세요.

이름	주요 내용	특징(구성과 표현)
예시 **줄리아**	• 제주도 여행 • 음식과 사람들이 마음에 들었음	• 시간과 공간에 따른 구성 • 제주도에서 느낀 감정을 생생하게 전달함

 **글 완성하기**

1. 앞에서 쓴 개요를 바탕으로 감상문을 써 보세요.

제목:

2. 친구와 바꿔 읽으면서 다음 내용을 확인해 보세요.

	확인할 내용	평가
내용	이 글의 **제목**은 글의 내용과 잘 어울리는가?	☆ ☆ ☆ ☆ ☆
	감상한 **내용**을 잘 썼는가?	☆ ☆ ☆ ☆ ☆
	감상 후에 **느낌**이 잘 드러나는가?	☆ ☆ ☆ ☆ ☆
	글의 끝부분에 **전체적인 평가나 느낌**이 있는가?	☆ ☆ ☆ ☆ ☆
형식	이 글은 **단락**이 잘 나누어져 있는가?	☆ ☆ ☆ ☆ ☆
	각 **단락의 구성**은 알맞게 이루어져 있는가?	☆ ☆ ☆ ☆ ☆
	각 **단락의 연결**이 자연스러운가?	☆ ☆ ☆ ☆ ☆
표현	앞에서 배운 **감상문의 표현**을 잘 사용했는가?	☆ ☆ ☆ ☆ ☆
	단어나 **문법** 사용이 적절한가?	☆ ☆ ☆ ☆ ☆
〈조언하기〉	예시 줄거리를 간략하게 잘 요약함. 그러나 소감이 잘 드러나지 않음	

(Tip) 자신이 쓴 글에 대해 혼자서 고민하는 것보다 친구들과 함께 보고 조언을 구하는 것이 더 좋은 방법입니다.

3. 자신의 글을 읽고 잘된 점과 고칠 점을 생각해 보세요.

잘된 점	고칠 점

4. 앞에서 확인한 내용을 바탕으로 다시 고쳐 써 보세요.

제목:

감상문을 쓸 때 필요한 표현

감상 표현	• -다는 점이 인상적이다/ 아쉽다
가정 표현	• -다면, …(이)라면 • -다면 어땠을까? -다면 어땠을까 생각해 본다

앞 내용을 이어 주는 표현	• 그러던 어느 날
	  예 매일 바쁘게 일만 하며 지내 왔다. 그러던 어느 날, 문득 여행을 떠나고 싶다는 생각이 들었다.
	• 그러고 나서,
	  예 민수는 누구보다도 열심히 공부했다. 그러다 보니 어느새 최고의 과학자가 되어 있었다.
	• 그러다 보니
	  예 친구와 함께 영화를 봤다. 그러고 나서 근처에 있는 카페에서 커피를 마셨다.

추천·바람 표현	• …에게 이 영화를 추천하고 싶다 • -다면 이 영화를 다시 한번 보기를 바란다 • -는 사람들이 이 영화를 꼭 봤으면 좋겠다